好妈妈
一定有办法

张爱红 赵冬玫◎著

天津出版传媒集团

天津科学技术出版社

图书在版编目（CIP）数据

好妈妈一定有办法 / 张爱红, 赵冬玫著. -- 天津：
天津科学技术出版社, 2019.5（2021.5重印）
ISBN 978-7-5576-6292-9

Ⅰ．①好… Ⅱ．①张… ②赵… Ⅲ．①家庭教育
Ⅳ．①G78

中国版本图书馆CIP数据核字(2019)第069218号

好妈妈一定有办法

HAOMAMA YIDING YOUBANFA

责任编辑：方　艳

出　　版：天津出版传媒集团
　　　　　天津科学技术出版社

地　　址：天津市西康路35号

邮　　编：300051

电　　话：（022）23332695

网　　址：www.tjkjcbs.com.cn

发　　行：新华书店经销

印　　刷：天津午阳印刷股份有限公司

开本 880×1230　1/32　印张 6.5　字数 95 000

2021年5月第1版第3次印刷

定价：59.00元

你的孩子进名校并不难

文 / 徐宏丽

为什么别人家的孩子总是那么聪明优秀、乖巧懂事？是因为自己的孩子智商不如别人、天生叛逆吗？

不，世界上没有蠢孩子，也没有坏孩子，只有不懂教育的父母！好妈妈一定有办法，无论是什么样的孩子，经过科学培养，都能考进世界名校。

把孩子送进名校是许多父母的期望，但随着孩子读书年级的增长，父母在学习方面能起到的作用越来越少。

特别是现在孩子们初中、高中的题目，因为难度太大，很多父母想要辅导，也无从下手。

其实，想把孩子送进名校，让孩子拥有一个好未来，是需要从小培养的。

《好妈妈一定有办法》的两位作者都成功地把孩子送进了世界名校。她们的女儿并不是从小就成绩优异、天赋过人，而是在两位妈妈的悉心培养下，逐渐成长，养成了良好的学习习惯和学习态度，最终顺利考取心目中的理想学校。

两位普通妈妈，用相似的教育方法，把两位性格迥异的女儿送进了世界名校。通过阅读本书，学习其中的育儿知识，你也能成为一位有办法的好妈妈，把孩子培养成人中龙凤！

徐宏丽 出版策划

微信号：56469651

资深出版人，策划出版多部畅销书，著有《如何出版一本书》

推荐语

　　《好妈妈一定有办法》是一本由两位成功的妈妈一起撰写的育儿秘籍。从宏观的教育理念到微观的教育小妙招，再辅以具体的案例，展现了母亲的大智慧。如果你想成为一位好妈妈，也想把孩子培养成有爱心、有责任感的人，一定要打开这本书学习。

——书式生活书店联合创始人　赵冰

　　两位作者能培养出如此优秀的女儿，我一点儿也不奇怪，作为她们的老师，在她们身上看到的不止是积极主动、善良和利他等好习惯，我看到的是她们永远为自己负责、不断颠覆自己的固化思维，她们一直提升的，不是颜值和财富，而是认知。

——广东新励成教育科技股份有限公司副总裁　赵永花

《好妈妈一定有办法》这本书内容非常落地，父母在教育孩子的过程中，确实会遇到各种头疼的问题，而这本书可以帮助各位父母治疗头疼。把孩子培养好，比什么都重要。

——坚持星球创始人 龙兄

爱孩子要懂方法，《好妈妈一定有方法》这本书不只是妈妈需要看，用其中的方法，你能让孩子真正地成为可以照顾好自己的人。张爱红老师和赵东玫老师都是DISC国际双证班社群的联合创始人，她们在自己的实践中，提炼出通用易操作的方法，一定让你开卷获益。

—— DISC国际双证班社群联合创始人 李海峰

教育孩子是一场漫长的现场直播，随时随地都会产生各种问题，冬玫、爱红两位妈妈能站在更高的视角，用情、用爱、用智慧化解女儿在成长过程中遇到的各种问题，真正诠释了"办法总比困难多"，书中的观点值得每位家长借鉴及品读。

——《拿起手机人人都是摄影师》作者 卷毛佟

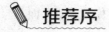

家长是让孩子幸福的关键

广东新励成教育集团董事长 赵璧

《好妈妈一定有办法》干货很多，但更打动我的是书中的真情实感。作者不仅在教育的实战中硕果累累，而且通过实践梳理出了一些独树一帜的理论体系，如"父母段位论"。

她们非常善于在全方位陪伴孩子的过程中，选取适当的机会进行润物细无声的教育，特别是孩子犯错的时候，她们认为那是实践教育理念的最好契机。她们采取疏导鼓励的方法，去唤醒孩子的原动力，让孩子成为一个"自燃"的人，让孩子感受到世界的美好……这样的父母，以前只在书上见过，现在就在我们身边，如果让我给她们的段位定个级,我认为是一万级,她们的书必须读,而且应该读一万遍。

我也有孩子,我很"溺爱"我的女儿,很多朋友认为我很MAN、很POWER,但在对孩子的感情上我却很"脆弱"。自从有了孩子后,每次参加婚礼,新娘父亲开始讲话,无论是否认识,我都是泪流满面地听完。

每位家长,对孩子最终的愿望,都是幸福,但在达成最终愿望前,可能还会有很多阶段性小愿望和分目标,在父母眼里可能是用来支撑最终愿望实现的,比如学乐器、上补习班等。可这样真的能给孩子带来幸福吗?

很多家长都错了,可他们还在错误的路上执着地要求着孩子们!

从事教育工作这些年,我深深明白家长的教育理念、方法以及他们对亲密关系、亲子关系的处理,才是影响孩子一生幸福的关键!

把孩子们培养好是我们不可推卸的责任,作为父母,我们应该让孩子的生命绽放。

2019年1月30日凌晨于大慈恩寺侧

自序

我的孩子考上了世界名校

文/赵冬玫

　　我是一位普普通通的母亲，在教育孩子的过程中也有迷茫和困惑，但我不断地总结和摸索，经过努力，终于把孩子培养成材。我的女儿考取了世界排名第七、英国排名第三的世界名校——伦敦大学学院。

　　后来，很多家长问我是如何把孩子培养得那么优秀，希望我传授一些方法和经验。所以，我总结了一下这些年的育儿经验，希望能对大家有帮助。

时光不会倒流，每个孩子的成长只有一次。育儿都是"现场直播"，我们没有童话故事中那种把孩子变大或缩小的神奇魔法。所以，要想把孩子培养成材，真不是一件容易的事。

　　每个父母都"望子成龙，望女成凤"，尤其中国的家长，对孩子的期望更大。几代人的梦想都寄托在孩子身上，但有时往往期望越大，失望就越大，这是什么原因？

　　大家是否想过，每个孩子呱呱坠地时都是一样的，为什么之后的人生轨迹却各不相同？每个孩子都是一张白纸，父母就是在白纸上作画的人。如何把画作好，就需要每位父母在养育孩子的过程中不断地学习、进步、充实和调整自己，针对孩子的不同情况、特点、成长的不同阶段，科学、合理、有效地养育孩子。处处为孩子树立好的榜样，这样才能让教育达到潜移默化、水到渠成的效果。

这个时代，你该相信哪种育儿方法

文/张爱红

这个时代的父母非常操心孩子的教育，我们会上很多育儿课程，参加大量的培训班，但是对孩子的教育仍然没有把握。

其实养育孩子并不难，只需要做好几个关键点就可以了，有些细节问题根本无须理会。

就像小树苗的成长一样，当我们把它生长的土壤、环境准备好，为它抵挡住大的风雨，适当的时候修剪下歪枝，整理下枯叶，树苗就会健康长大。虽然孩子的成长比植物复杂得多,但万变不离其宗。

培养孩子要把目光放得长远一点儿,在孩子的成长过程中,会出现各种各样的问题。

我们要"看到"孩子成年后的样子,目前的小问题都不是问题,可以慢慢地解决,家长不需要因为孩子一个小小的错误,就大发雷霆。所谓"志在山顶的人,不会贪念山腰的风景"就是这个道理。

教育要点1:让自己的行为变成孩子的习惯

孩子会模仿家长的行为习惯,如果家长具备较强的责任心、情绪稳定、积极主动、做人得体、做事可靠,那么这些特质不用特意教给孩子,在潜移默化中,孩子会慢慢地学会。当然,世上没有完美的人,谁都有需要完善的地方,所以家长要不断地精进自己,这份习惯也会传递给孩子。

教育孩子的关键是家长要以身作则。

教育要点2:经常思考,行成于思,毁于随

我们时时刻刻都在做选择,小到出门穿什么样的衣服、鞋子,大到孩子报什么样的学习班。

选择,就是一个思考后的决定结果。

教育孩子也是一样,随时都在选择。每一个选择,都要根据孩子的自身情况进行思考。

选择后就坚定地去执行,很多时候人难以抵挡社会的压力,父母亦是如此,所以选择后父母的信心可能更重要。"木秀于林,风必摧之;行高于人,众必非之。"别人都送孩子去补习时,你不送,就要有勇气抵挡那些闲言碎语;别人都认为分数重要时,你坚持"成人比成才更重要"的培养目标,就要做到淡然对待孩子的成绩;别人都认为家长在孩子面前要有威严,你坚持和孩子做朋友,就要做好不吼孩子的心理准备。

教育要点3:用心陪伴

我们都知道陪伴的重要性,可是,陪伴的质量和父母参与孩子生活的程度,才是决定孩子行为好坏的因素,而不是管教的松与严。

在女儿的成长过程中,除了特殊情况外,我们每晚都是一起窝在她的床上,读书、谈心、反思,诉说一天中值得庆祝的事情,需要提高的地方。偶尔我也会对女儿发发牢骚,她有什么心事也会和我说,我在女儿面前从来都是真实的。

因为我的真实,女儿在我面前从来不设防。良好的母女关系,使得教育能顺利地在"润物无声"中完成。

教育要点4：自我成长

良好关系的前提是吸引，给对方需要的价值。

如果家长口中除了学习就是学习，没等你张嘴，孩子就知道你要说什么。孩子会厌烦这种说教教育，所以，这种亲子关系容易产生矛盾。

如果一个家长，不断地学习、精进，在和孩子谈话的时候不只是围绕分数，那么父母和孩子之间就会有说不完的话题。

教育要点5：一体化培养

我们可以把培养孩子看成一个建设期为18年的大项目，家长是主持人，是项目长。我们需要团结一切力量，全方位地打造孩子成长的立交桥。在孩子的成长过程中，让孩子感受到爱和安全感，感受到心的自由，让他自由地探索，心灵的安全感才是他终身的支柱。

教育是有"道"可寻的，我在育儿方面形成了一套自己的理论。我用该理论培养了女儿，她不但社会能力强，而且学习成绩好，被两所世界名校录取。同样，在事业中，我也用这套理论帮助了上千户家庭。

这套理论，我全写在了书里，其中的智慧，哪怕只有一点帮到各位家长和孩子，我的内心就无比欣慰！

目录

第一章　你是一位及格的父母吗

第二章　你的孩子为什么不听话

第三章　教育重在日常

第四章　轻松培养孩子的学习能力

第五章　孩子越有教养就会越懂事

第六章 五个妙招让孩子变得更好

第一章

你是一位及格的父母吗

亲爱的家长们，你们是否想过，养孩子可不像养一只宠物那么简单。

我们不仅要在生活中照顾孩子，还要花精力、花心血、花时间去教育、培养他，让他成为一个独立自主、在社会中有价值的人。

为人父母，你处于哪个"段位"

我们每个人在社会中都会被赋予多重身份和角色，无论什么职业，都有评判的标准，有的职业还需要考职称，考等级证书。

医生有主治医师、副主任医师、主任医师等职称；教师有中级教师、高级教师、副教授、教授等职称；财务工作者有助理会计师、会计师、注册会计师等职称。各行各业都有自己内部的衡量体系。

职称代表一个人的学识水平和工作能力，也会成为你在社会中重要的身份标签。

世上只有一种"职业"没有评定标准，那就是父母。

能够成为爸爸或者妈妈，有自己可爱的宝宝，是一件多么幸福的事情。可是大多数父母，在孩子出生甚至在孩子已经开口说话，叫他们爸爸妈妈的时候，还处在"混沌、蒙"的状态。

很多人事先并没有做好当爸爸妈妈的准备，但是为了一己私欲，依旧选择让孩子来到世间。你可以选择是否为人父母，孩子却没有权利选择是否到来。

年轻父母的想法是，既然孩子来了，那就养着。即使我们照顾不了，还有老人帮忙照顾。

有的父母甚至把孩子当成全家逗趣解闷的工具，自己兴致来了就去逗逗孩子，孩子的天真、活泼让人觉得很开心、很欢乐、很放松。解闷之后，又恢复到不闻不问的状态。

亲爱的家长们，你们是否想过，养孩子可不像养一只宠物那么简单？我们不仅要在生活中照顾孩子，还要花精力、花心血、花时间去教育、培养他，让他成为一个独立自主、在社会中有价值的人。

根据父母需要承担的责任和义务，我给父母这个"职业"划分出了7个段位。

段位1：

这个段位的父母完全不知道教育为何物，任由孩子"自然生长"，无论孩子变成什么样，完全听天由命。孩子成长得不好，父母就抱怨自己没有生出好苗子，这其实是极其不负责任的表现。在这种环境下长大的孩子全凭运气，若是未来能出人头地，完全是因为运气好。

段位2：

这个段位的父母很舍得为孩子花钱。他们认为只要花钱，就能表达自己对孩子的爱。他们很少有时间陪伴孩子，只会用钱满足孩子。在这种环境下长大的孩子，往往非常冷漠，会形成"金钱至上"的价值观，认为钱能解决一切问题。

段位3：

这个段位的父母舍得花时间陪孩子，愿意见证孩子的成长。自己会尝试着去教育孩子，希望孩子健康地长大。但是这个段位的父母对于应该采取什么方法教育孩子，感到非常迷茫，不知道如何行动。

段位4：

这个段位的父母会思考教育目标——孩子的未来应

该朝什么方向前进？目标一旦清晰地确定，父母就有了前进的动力，但容易急功近利，盲目跟风，过于看重成绩。要知道，任何事情都要一点一点地来，"不积跬步，无以至千里"，缺乏科学系统的教育方式，只顾闭门造车，最终会得不偿失。

段位5：

这个段位的父母已经有为了教育孩子而去学习的意识，他们非常关注孩子的问题及其产生的原因，开始研究教育的方法，并且能够采用有效的手段，解决孩子成长过程中的问题。但是，当问题出现时再去解决，是不是劳心又劳力？防微杜渐、防患于未然会不会更好？

段位6：

这个段位的父母为了更好地教育孩子，首先让自己变得更好，他们清楚地知道"你是谁"比要求孩子"成为谁"更重要，更加注重言传身教、榜样的力量。

段位7：

这个段位的父母真正地认识到每个人都是独一无二的个体，他们会让孩子做真实的自己，也会以身作则，一路支持、鼓励孩子，充分尊重孩子的自由和天赋。他们懂得按照孩子的个性培养孩子,还会帮孩子发现他喜爱、擅长的东西,让孩子按照自己的兴趣来成长。

生孩子容易,教育孩子却不易。每个人都想教育好孩子,但是教育需要讲究方法。父母在陪伴孩子成长的同时,也要不断地学习。父母和孩子一起成长、进步,是一件多么有价值、有意义的事情。

父母善于学习，孩子才能有未来

孩子是我们生命的延续，是连接家庭亲情的纽带。孩子关乎一个民族、国家的根本和未来。孩子的教育是人生中的大事。把孩子教育成材，更是每一位父母殷切的期盼。

爱孩子，这是人类共同的情感。但是，只知道爱，却不知道如何教育孩子，是很多家长的通病。

每个孩子的成长都离不开家庭、学校、社会的教育，三方需要相互配合，但是侧重点又有所不同。

家庭教育在整个教育体系当中占据极其重要的位置。家是孩子学习的第一所学校，家长是孩子的第一任老师，也是终身的老师。家长的一言一行，都会对孩子产生深远的影响。

　　德国的幼教之父，著名教育学家德里奇·福禄培尔说过："国民的命运，与其说掌握在领导者手中，不如说掌握在母亲的手中。"由此可见家庭教育在孩子成长过程中的重要性。

　　可是大多数中国家长，只知道"养"孩子，却不知道如何去"育"孩子。常常在教育的问题上手足无措，一旦孩子出现了问题，更是找不到应对的办法。

　　前一段时间，我在飞往天津的飞机上，遇到了这样一位妈妈。她独自带着2岁多的宝宝坐飞机，在飞机快要降落时，由于受到大气压的影响，孩子耳朵产生疼痛，因此一直哭闹不停，怎么哄也无济于事。孩子的哭声越来越大，已经影响到了周围的人。不过，大家都能理解，知道妈妈带孩子坐飞机不容易，就没有说什么。

　　孩子哭得越来越厉害，头上大汗淋漓，嗓子也都哭哑了，可这个妈妈唯一的处理方式就是一边抱着孩子不停地摇晃，一边不停地说："再哭就把你从飞机上扔下去。"这种方式真是简单又粗暴。不但没有把孩子哄好，而且妈妈自己也产生了焦躁的情绪。

　　这个情景，大家应该不陌生，坐飞机时，我们经常会遇到带小孩的家长。其实,这也是考验妈妈应对能力的时刻。

我在飞往成都的飞机上,遇到过另一位和上面那位形成鲜明对比的妈妈。她也是单独带宝宝出门,可是这位妈妈却非常有办法。她在飞机降落之前,就开始跟宝宝互动。

"宝贝,一会儿我们就到成都了,明天我们就去看熊猫宝宝,你知道熊猫宝宝吃什么吗?"

宝宝回答:"竹子。"

"熊猫宝宝是怎样吃竹子的?"

宝宝睁着大眼睛好奇地望向妈妈,妈妈做出捧了一大捆竹子的模样,津津有味地吃起来,然后做出吞咽东西的动作,接着她又说:"熊猫宝宝吃饱了,现在想休息了。"随后做出打哈欠的动作。

"宝贝,可以学一下熊猫宝宝的样子吗?"

于是,宝宝也按照妈妈的动作做了起来,学得有模有样。

这是一位聪明的妈妈,她先让宝宝意识到明天能看见熊猫,从而产生快乐的情绪,然后让宝宝模仿自己,进行合理的吞咽、打哈欠等动作,尽量避免因飞机降落而耳朵疼痛。

通过对比,后面这位妈妈就显得特别有智慧。

如果每位妈妈在带小孩坐飞机之前,做一下功课,弄清楚坐飞机有哪些注意事项,一旦发生情况,有哪些正确的处理方法,做到心中有数,这样就能避免孩子哭闹了。

所有父母都"望子成龙,望女成凤",但在家庭教育上,父母也要不断地学习,争取自己先成为人中龙凤。

还有一类家长,虽然非常重视教育,但教育理念出现了偏差。就好像一列偏离跑道的高铁动车,即使速度再快,也到达不了终点。

如今,很多家长只重视孩子的学习成绩。孩子只要成绩好,要什么就给什么,养成了"小皇帝"的性格。

家长只对孩子进行物质投资,却轻视了品格培养、情感沟通。如果家长不能及时认识到这样的偏差,那么孩子总有一天也会出现问题。

所以,父母如果爱孩子,就学习育儿知识,用科学、合理、有效的方法育儿,自己也会在学习的过程中,得到成长和进步。这样培养出的孩子，才能快乐学习，健康成长。孩子未来的道路也更加开阔。

如果你希望自己的孩子未来更加出色，那么，赶快行动起来，去学习吧！

你用的教育方法，可能都是错的

01

我曾经也信奉"棍棒底下出人才"的教育理念，在养育女儿的前三年，我的内心一直处于纠结状态。

我的心底一直有两种声音，一种声音告诉我："孩子在成长，犯错很正常，孩子需要尊重，不能使用棍棒。"

另一种声音告诉我："棍棒底下出人才，想教育好孩子，必须使用棍棒。"

所以，有时我会故意打一下孩子。打完之后，我跟女儿一起哭。内心却错误地认为：我终于打了一下孩子，我的教育离成功又近了一步。

教育理念是家庭教育的"根"，"根"不正，孩子这棵

"苗"肯定长不好。

教育孩子需要长远地制订培养目标,明确目标中包含哪些能力、哪些习惯、哪些素养……只有这样,才能在后续培养孩子的过程中,做到胸怀全局。

我们既要看到当下,也要关注未来。除了要了解孩子当下处于什么阶段,具备什么能力、素质,还要明确未来需要继续巩固、培养的方面。

只有做到心中有数,保证教育不偏航,才能让孩子在未来的竞争中永远做一个胜者。

家庭亲子关系出现问题,正是因为家长缺乏长远的教育规划,在教育过程中急切地想看到结果,忽略了孩子成长的节奏。

我从来不会把每天要完成的作业和将来考哪个学校这样的小目标,当成教育孩子的大目标。我会在全方位陪伴的过程中,选取适当机会进行"润物细无声"的教育。

特别是在孩子犯错时,我会采取疏导、鼓励的方法,唤醒她内心的动力,让她感受到世界的美好,感受到幸福,这样她才会成为一个认同自己、有爱心、有较强社会能力的人。

02

父母要像高空中的战斗机一样，时刻看到孩子日常生活、学习、人际关系等方面出现的问题，然后寻找解决办法。

例如，现在有些孩子，从上学起就厌学，似乎天生就不是学习的材料。

如果家长只是督促他上学，早起写作业，就大错特错了。我们应该意识到，是我们在前期培养孩子的过程中，没有为孩子上学做好准备。

在孩子刚入学时，家长应该告知他与别人的相处之道。如果没有这么做，孩子就会感到孤单，性格变得孤僻，甚至会被别人视为异类。随着时间的推移，这种孤独感会愈演愈烈，让孩子偏离正常的成长轨迹，成为问题儿童。

更可怕的是，孩子会将自己不能融入环境这一现象，归结为自己的能力问题。他会对自己、社会失去信心，从而规避一些有意义的行动和任务，花时间去寻找快捷之道。比如通过胡闹来引起老师和家长的注意。

所以，我们要做智慧型的父母，学会从孩子表现出来的迹象，推断出他的品质或特征，并由此联系到他在未来社会环境中会有什么样的表现。

现在很多孩子都在青春期出现问题，作为父母，我们应该在孩子小的时候，就设想好孩子青春期会出现哪些问题，把所有问题在前一阶段化解掉。把当下和未来相联系，就能知道下一步孩子将要达到什么目标。就像在海上远行的船只一样，看到远方的灯塔，就不会为当下的海浪担心。

有了系统的概念，就能做好教育的可持续性。不会出现今天高兴了管教一下孩子，明天心情不好就不理孩子的情况，也不会出现"头痛医头，脚痛医脚"的现象。

03

我的女儿小时候对英语没有什么兴趣，我很着急，不知道怎么办，应不应该直接让孩子报班？

我在琢磨时，忽然想到女儿幼儿园的活动，于是决定培养她持续努力的品质，让她对英语产生兴趣，而不是执着于一时的成绩。

女儿所在的幼儿园刚开英语课，每天下午家长接孩子时，都要在幼儿园门口看看自己孩子的名字前，有没有小红旗。

一天早晨，女儿对我说："妈妈，我也想要有一面小红旗，可是怎么样才能得到它呢？"

我蹲下来，看着女儿的眼睛说："妈妈是老师，我最了解你们的幼儿园老师了。她是看谁学得最快，谁学得最好，就给谁一面红旗。"

"明明、帅帅都比我学得快，我得不到的。"女儿难过地说。

我又说："别着急宝贝。其实老师还会奖励另一部分认真的小朋友。只要你上课跟着老师努力地读，即使读得不是很好，不是很流利，但老师看到你那么认真、努力，也会给你发小红旗的。"

"真的吗？只要我上课好好表现，即使没有学会，也能拿到小红旗，对吗？"

我使劲地点点头说："是的，你好好表现，老师肯定会给你发一面小红旗。"

当天放学，我去接女儿时，发现她的名字前面没有小红旗。

女儿出来时，一脸不高兴，嘟着嘴，见到我就说："妈妈，我好好表现了，可是老师没有给我红旗。"

我当时马上把她抱在怀里说："虽然今天老师没有给你红旗，但是以后你再好好表现，老师肯定会看见你的努力，给你小红旗的。"

女儿愉快地说："妈妈，我一定好好表现，争取拿到这面小红旗。"

当时我这样鼓励女儿，其实并不确定，她能否拿到这面小红旗。

当天晚上，我并没有急着带她回家，而是让她使劲地玩儿，玩到很晚，我们才回家。在回家的路上，女儿扬起小脸问我："妈妈，今天你为什么这么惯着我啊？"

我和女儿说："我的宝贝今天在幼儿园，积极认真地上课。虽然没有拿到红旗，但是妈妈知道明天你还会接着努力，所以，妈妈为你的努力而高兴。"

<h2 style="text-align:center">04</h2>

接下来的两天,她还是没有拿到小红旗,但是她并没有放弃。

直到周五,女儿的名字前面赫然出现了一面小红旗。

记得那天,女儿奔向我时,特别兴奋,特别激动。她的眼睛里透着光,仿佛在期待什么。

我高兴地把女儿抱在怀里,又将她举起来,转了几个圈。我用我的动作表达了自己的高兴,说明我看见了她的成就。

为了表扬女儿得到小红旗,当天晚上,我们一家三口在一个小饭馆里吃了饭,而且那天我允许女儿吃她喜欢吃的草莓冰激凌。

女儿看到她拿了一面红旗,我和她爸这么高兴,她也特别骄傲。

席间,我特意问女儿:"你知道妈妈为什么这么高兴吗?"

"当然是因为我得了小红旗。"女儿自豪地说。

"宝贝,你只猜对了一半。"我神秘地和女儿说:"你得了红旗,妈妈当然高兴,可是妈妈心里有比你得红旗更高兴的事。"

我说完这句话，女儿更好奇了，勺子里的冰淇淋化了，她都没有察觉。

我抓住女儿的小手，非常平静地和女儿说："妈妈最高兴的是你在第一天没有得到小红旗的情况下，第二天和第三天又接着努力，没有放弃。得到小红旗这个结果，是因为你持续的努力。妈妈为你持续的努力、没有放弃而高兴！"

"是持续努力！"我特意把这四个字又重复了一遍。

虽然当时4岁的女儿可能对"持续努力"理解不深，但是她知道我更看重她身上的那份坚持、那份韧劲。

后来，在她长大的过程中，我陆续和她讲了"水滴石穿"的道理，看到时事新闻中包含"坚持和毅力"的故事时，就讲给她听。女儿慢慢地养成了坚韧的性格和坚持到底的学习习惯。

在她的坚持学习下，英语成绩变得越来越好，甚至成了她的强项。女儿现在一开口说英语，很多人都以为她是在外国长大的，当知道她是地道的中国人时，大家纷纷问她是从哪里培训的，女儿笑着说："哪有什么培训，都是自己坚持过来的。"

好的教育，从学会拒绝孩子开始

在咨询过程中，总是有朋友问我："无条件的爱，就是孩子想做什么，就让他做什么吗？那他不就成了家中的皇帝了？"

于是，我给朋友们讲了我在养育孩子的过程中，拒绝孩子的一件事。

女儿三岁多时，我们路过一间柜台商店，当时她想要一个小象玩具，我刚告诉她现在买不了，让我意想不到的一幕发生了，女儿直接躺在地上打起滚来。当时我心想，这个动作她是从哪里学来的？

我耐心地说："妈妈没有带钱出来，我们先回家。"女儿就像没有听到一样，继续躺在地上不起来。

于是，我第二次告诉她："妈妈数三个数，你起来好吗？你如果不起来，妈妈就自己回家。"

商店离家特别近，三分钟就能走回来。当我这样警告她后，她还是继续躺在地上哭。

我真的没有管她，直接走出门，当我走出不到十步时，就发现她已经跟在我身后了，但我在路上一直没有和女儿说话。

到家后，她自己主动把脸和手都洗干净了，我和女儿有了如下对话。

"宝贝，你刚才的行为让妈妈特别生气。妈妈一直告诉你，有什么事好好说，为什么要躺到地上，而且妈妈告诉你起来回家再说，你也没有听。你能告诉我为什么那样做吗？"我脸上没有笑，很平静地问女儿。

"我特别想要刚才的那个玩具，那个大象鼻子特别长。"女儿一脸认真地说。为了说明她特别想要，又补充道："比家里的那个大象鼻子还长。"

"那你为什么一定要躺在地上，你觉得这个方法好吗？"我继续问道。

"那天在幼儿园门口，童童告诉我，他就是用这个方法,妈妈才给他买枪了。"

"原来是这样。妈妈之前不是告诉你,无论什么事一定要和爸爸、妈妈好好说,不允许用其他方式吗?童童妈妈给他买枪,我管不了,那是他们家的事,但是妈妈告诉你,在我们家永远不可以用这种方式。"

看到女儿虽然委屈,但是一脸认真的样子,我继续说:"我知道你想要这个大象,是因为它的鼻子更长,颜色也好看。妈妈能理解你想买的心,可是你采用这样的方法,导致我本来想买的心情没有了,这也是对你这种行为的惩罚,你能理解妈妈吗?"

我把女儿搂到怀里和她说:"妈妈就是要让你记住,无论什么事情,有事好好说,不要采取其他方法,如果妈妈单位领导想让我加班,我不愿意去,难道也躺在领导面前打滚?"

听到这里,女儿"扑哧"一声笑了出来,她似乎想到我这样一个人躺在地上打滚儿的情景。

"妈妈,我不应该这样,我知道错了,以后再也不这样了,那你帮我把那只小象买回来吧。"

我和女儿说:"要是你心平气和地和妈妈说,我回家拿钱后就给你买了，就是因为你没有用良好的情绪表达自己的要求，作为一种惩罚，小象不能买。"

看到我坚决的态度，女儿知道平时温柔的我不可能再给她买小象，她只能接受这个事实，转身玩布娃娃了。

两周之后，我们又到商店，看见那只小象，女儿看看我，我看看她，我们一起抿着嘴，心照不宣地笑了，她似乎想起了自己无理取闹的样子。

事 件	我 的 "看 见"			
	现 象	内 在	社会后果	相似行为
买小象	当女儿得知我不给她买小象时，躺在地上打滚	不懂用良好情绪表达事实，不会心平气和地和孩子沟通	不能和周围的人建立良好关系	胁迫他人以达到自己所求的一切行为，例如想看电视摔遥控器，不写作业摔本子等
做 法	1.对于这种"恶"行，心平气和地坚决制止 2.对于此种行为要惩罚（本次不给买小象） 3.告诉孩子自己永远爱她，但是不接受这种表达方式 4.重点是平时要做到温柔，此时要做到坚定 5.后续有改正行为时要"看见"孩子的进步，让她"好好说话"才是正确的行为			

积极营造有爱流动的家庭氛围

01

父母之爱都深如大海，但也有质的差异。决定质量高低的，是父母对孩子的理解程度和对细节的处理水平。

家庭氛围不同，孩子的体验和感受就会完全不同。孩子走向社会后，会不自觉地营造一个和自己从前一样的成长环境，复制父母的一切。

正所谓，原件决定复印件。

亲子关系是家庭教育最重要的元素，孩子的成长过程中，不能只有学习。决定孩子幸福的不只有分数，工作是为了更好地生活。

奥地利哲学家布贝尔在《品格教育》中说："名副其

实的教育,本质上就是品格教育。"

王尔德说:"使孩子品行好的最佳方法,就是使他们感到愉快。"

"人造环境,环境造人",我希望女儿在良好的家庭环境中长大,女儿拥有积极、阳光、快乐、感恩、自律、情绪稳定、乐于助人等优秀品质,所以我会积极地营造有爱流动的家庭氛围,我自己不能消极、自私、情绪紊乱。

我会先去接纳孩子,帮助孩子过滤掉负面情绪,然后再解决问题。

于是,无论室内还是室外,只要是我们存在的地方,除了安静地读书、学习外,其余时候基本上都是"不正经"居多。整个培养过程中,我始终告诉自己亲子关系是家庭教育最重要的元素,与女儿一起欢笑、一起成长的过程中共享快乐时光更为重要。

02

场景1:姚明才比我高68厘米

身高158厘米的我和身高173厘米的女儿差别很大,我家住的高层前有一个大广场,我和女儿偶尔会在广场上或者到楼前边的滨州湖旁边散步。

有一天，我们正在楼下散步，我抬头瞅瞅女儿说："你也没比我高多少，你看就高这么一点点。"我用手比划了一下。

"是啊，我没比你高多少。"

我瞬间觉得自己高大起来，正暗自得意，女儿又丢过来一句话："妈妈，我真的没比你高多少，就连姚明也才比你高68厘米，还不到一米。"

"你给我等着，又损我……"

我说这句话的同时，了解我风格的女儿已经撒开我的手，慌忙逃跑了……

抓到女儿的我和她之间又是一场打闹。

场景2：放学后家中

一般情况下，女儿放学进门后，我的第一句话绝对是："罗大小姐回来了，今天有什么高兴的事和妈妈分享吗？"

女儿就会说："张大主任（我是教研室主任，开玩笑时她就是这么叫我），给你亲姑娘做什么好吃的呢？可得多做点儿。"

"做那么多干什么? 有十个、八个菜就得了。"

"确实,十个、八个就够了。数量上凑合一下,质量上可不能马虎,我可要好好地试吃一下。"

随后,她就洗手来到饭桌前愉快地进餐。实际上哪有十个、八个菜,一般情况下是四个菜,最多再加一个汤而已。

场景3: 80岁? 18岁?

我和女儿的感情再好,也有彼此意见不统一的时候。如果是大事我们会心平气和地沟通,对事不对人。如果是小事,有时我逗逗她,有时女儿逗我,气氛一缓和也就没什么事了。

有一次,因为她做事不太利索,我就说了她一句。

她打趣道:"妈,你真让我自豪,身材这么好,你的背影就像18岁。"

可是,当我转过身后,她就会快速地说:"但是从前面看就像80岁。"

此时我就会追着她,假装要教训她。

03

我们谈论的话题很广、很深，时事、政治、新闻中的内容都在讨论之内。

有时女儿会跟我说她刚学会的新歌曲，演唱歌手是谁；有时她会跟我说一部特别感人的电影，主角是谁；有时我会在她面前展示一下歌喉，她就会说："妈，你可别唱了，别人唱歌要钱，你唱歌要命，幸亏是我当了你的女儿，命大，要是别人做你女儿早没命了。"

女儿了解的歌星，基本上我都不知道，女儿就会告诉我，这个歌星为什么会受欢迎或者励志的故事。比如周杰伦，原来我并不喜欢他，可是听女儿讲了他勤奋的故事后，我对他的态度180度大逆转。五月天的歌是女儿的最爱，她给我讲《倔强》，讲《你不是真正的快乐》歌词的意义；张韶涵的《隐形的翅膀》一直是女儿特别喜欢的歌曲，这首歌让女儿有了自己的一个梦，现在她正在法国过着她当时梦中的生活。

女儿在初中时就会监督我："妈妈，你去做护甲了吗？""妈妈，形象很重要，哪怕下楼倒个垃圾你也一定要化好妆再去。"

每当此时我就会和她说："大小姐，你不觉得自己像个老妈子吗？烦死了！"

　　她就会回应说："我就愿意给你当老妈子，给别人当我还不愿意呢。"

　　女儿高一暑假，我们特意到沈阳看了五月天的演出，我站在女儿身边和年轻人一样挥舞着荧光棒，尽管整场演唱会我只会唱三首歌……

　　工作、生活有时很单调，我尽量创造一个和谐、有爱的环境，让自己有趣，让自己热情洋溢，这样才可能让孩子有趣、积极、阳光、快乐和健康！

　　生活很简单、平凡，但，基调是温暖的。

第二章

你的孩子为什么不听话

教育,本来就是一个灵魂影响另一个灵魂,一个生命唤醒另一个生命!一旦生命深处的爱被唤醒,就能产生无穷的力量。

扪心自问,你是真的爱孩子吗?你做的决定是完全为了孩子,还是出于自己的渴望?孩子只有感受到了你的爱,才会放弃自己的倔强。

给孩子金钱，不如多陪陪孩子

前几天，我和朋友一起参加了一个关于企业创新峰会的论坛，论坛上有许多小有成就的企业家。中场休息时，我就遇到了一位经营烟酒生意多年，白手起家到现在已经拥有50多家直营店的一级代理批发商，他多年的辛苦总算没有白费。

当说起自己的创业史，他仍会泪光闪闪，大家对他也多了一些由衷的敬佩。

但是，当大家谈起对孩子的教育，这位爸爸很直率地说："我家不怕孩子花钱，我们赚这么多钱，最后都是要留给他的。只要孩子好好的，别总给我惹事，想怎么花都行，对我来说，我现在什么都给他最好的，这就是最好的教育。"

"不怕花钱，怎么花都行"，我怎么听着这么别扭？刚刚产生的敬佩之情，顿时有点儿消散。

对于一个孩子的成长，难道仅仅是给予金钱就足够了吗？只要给钱，就一定能培养出好孩子吗？据我所知，这种情况往往都是事与愿违，反倒孩子的问题让他们格外操心。

最好的教育是什么？就是高质量的爱和陪伴。

家长热爱生活、认真工作，会对孩子产生好的影响。

现在，很多家长平时基本不管孩子，孩子成绩不好，就高薪聘请老师，一对一地进行辅导，或者随便把孩子往补习班一扔，其他一概不管，还振振有词，自己已经尽到责任了。这就是他们所谓的给予孩子最好的教育。

然而，在孩子的成长过程中，最不可或缺的教育其实是指引孩子前进的动力——梦想。

如果家长能够在孩子小的时候，启发和帮助他们建立梦想，让他们知道，梦想只要通过努力就能够实现。那么，孩子的教育就成功了一大半儿。

在女儿小的时候，我每次和她交流，都会有意识地引入我的思想。从小我就告诉女儿，一个人的梦想一定要远大，"法乎其上，得乎其中，法乎其中，得乎其下"。梦想越远大，成功的机会就越大，即使没有达到高等，也会达到中等；如果定中等目标，那么就只能达到低等；如果直接把目标定为低等，那可能连低等都达不到。

我给女儿讲过一个故事，有三个建筑工人，在同样烈日炎炎的天气下，修建一面墙。

一个路人问他们："你们在干什么？"

第一个工人回答："我在砌墙。"

第二个工人回答："我在工作。"

第三个工人回答："我在修建一座教堂。"

多年以后，前两个工人庸庸碌碌，而第三个工人则成为伟大的建筑工程师。

这个故事对女儿的启发也很大，三个人由于对人生的目标不同，对同一件事情的态度不同，未来人生的走向也不同。因此，自己未来想成为什么样的人，取决于你对事情的态度。

一个人心怀梦想，就会时刻受到梦想的指引，内心就不会像浮萍一样漂浮不定，而是心有所依，勇敢前行。

那么，在实现梦想的过程中，我们应该怎么做？实现梦想的过程，就像我们每天上台阶，每次你迈出一步，就上了一个台阶，离你到达的楼层就近了一步。台阶就是你的小目标，每次达成一个个小目标，最终，梦想一定会实现。

在女儿的心目中，梦想并不是遥遥无期、虚无缥缈的过程，而是每天都在上台阶，每天都有收获，她的内心也无比坚定。

所以，梦想的种子一旦在孩子心中生根，就无须旁人过多约束，孩子自己就能坚定目标，勇敢前行。

孩子无法融入社会？都怪家长

01

孩子最终都要步入社会，所以，孩子的一生中不可避免地会遇到社会关系。我们教育的终极目的是让孩子与社会和谐相处，这种和谐不仅是简单的结交朋友和与人相处，而且还包含了诚实、忠诚、自律、沟通、合作等品质问题。

我们在培养孩子的过程中，可以把工作、生活与教育看成一个整体，进行一些有效和有建设性的行为。这样就能保证孩子步入社会时，与社会"零距离"接触，顺利就业。

此谓，教育、工作、生活一体化。

另外，孩子在成长过程中，除了接触家人外，还会与老师、同学以及社会中接触到的其他人相处。所以，在培养孩子的过程中，父母不要孤军作战，要团结一切可以团结的力量，让所有与孩子接触的人进入培养的队伍。

此谓，家庭、学校、社会一体化。

两个"一体化培养"是我培养女儿的妙招。

02

妙招1：教育、工作、生活一体化

作为一名老师，我知道学生们想听的是贴近他们生活和工作的案例，以及和他们未来岗位息息相关的故事。

从培养女儿的角度看，我知道，我在工作和生活中遇到的问题，也是将来她会遇到的问题。所以，我每天与女儿分享自己亲身经历的事情，让女儿明白一些做人、做事的道理。

在女儿的成长过程中，我每晚最少用40分钟和女儿聊天。聊的范围很广，有时我把工作中的所做、所思、所想讲给女儿听；有时，我在报纸上看到的或广播中听到的有教育意义的事情，也会与女儿分享。

多年来，我不知道讲了多少话，我的目的是和孩子成为朋友。我不去追究过错，而是帮助孩子发现问题，鼓励孩子找到解决问题的方法，这样更利于孩子的心智健康成长。

这样做的结果是我和女儿建立了良好的母女关系，我们是母女，也是闺密，我在她面前是真实的，她也不设防地把她一天发生的事情分享给我。如果发现一些小问题，我会当即与女儿平等沟通；如果我觉得问题较大，睡觉前不适合处理，我会记下来，先让孩子去睡觉，回来想好对策再做后续处理。

例如，1991年入职报到后有一次试讲，学习成绩排在前列的我，为了45分钟的试讲准备了一周。教学让我明白所谓的"知道"，并不是真的知道，只有讲出来才能变成自己的，我明白"教"是更好地"学"。

又比如，1999年上学期的一项教研活动是听课、评课。听完一名老师的课后，我们教研室的成员就聚在一起，轮流说说听课的感受。

那天我只是把其他老师讲得不好的方面说了出来，而当时担任教研室主任的刘老师，则是先说出老师讲课过程中的优点，然后再说出缺点，这样的发言让人听起来非常舒服。

回到家，我就把我评课时说话方式的缺点和刘老师讲话的优点都讲给女儿听，我们一起约定以后在与人交流的过程中，一定要注意先肯定别人的优点，再说出缺点，这样能让人感觉更舒服。

所以，在教育女儿的过程中，无论是在她的幼儿园时期，还是在小学和初中时，我都尽最大可能让女儿将自己的所学讲给我听，我的任务是去当女儿的学生。

讲，不但锻炼了女儿的语言表达能力和逻辑思维能力，而且巩固了她的所学知识，让她更加自信。

后来，我担任学校重大项目联络人时，与人沟通、协调的工作特别多，我就把自己学到的一些技巧、自己承受的委屈讲给女儿听，告诉女儿每个岗位在承担相应责任的同时，必须承受暂时的委屈。通过我的亲身经历，她明白了"胸怀都是撑大的"这句话的含义，明白了什么是"担当"。

所以，我的工作、育儿和生活也是一体化的。教育孩子从来不缺少素材。在工作和生活中遇到的问题，我们可以一起思考。

妙招2：家庭、学校、社会一体化

家庭、学校和社会从来都是一个整体，目标一致。

作为一名智慧的家长，不仅要能够高瞻远瞩，很好地把握育儿过程中出现的问题，把握培养的方向，还要能够将家庭、学校和社会这三方力量拧成一股绳，形成一个特别有竞争力的团队，共同打造育儿成长路上的立交桥。

在培养女儿的过程中，我始终把培养女儿这件事当作我人生中的大项目，而我就是这个项目的项目长。

在这样一个漫长的大项目建设过程中，我调动一切可以调动的资源，比如学校、同学、老师、同事、社会等来协助我教育孩子。

想让孩子顺从，先给孩子自由

01

"老师，我的孩子15岁了，天天上网打游戏，你有办法治吗？"

"老师，我那么爱孩子，天天看着他写作业，为了他把工作都辞了，他考试才考了42分，太不争气了。我直接和儿子说，你考这点分让我感觉很丢人，将来到外面，你别说是我儿子。"

每当听到这样的抱怨，我就想起自己和8岁前的女儿的事情。

那个时候，我总逼着女儿去完成我想完成的愿望，心里总在渴望别人说："老师，你的女儿很优秀！"

我的虚荣心控制着女儿，虽然我表面上是为了女儿好，但是内心没有彻底让女儿做自己，母女关系有时会非常紧张。

后来，女儿患了腮腺炎，她痊愈后，我彻底放下希望她考名校的念想，没有任何功利心地对女儿好。刚开始女儿心有防备，她会直接反问我："妈，你对我这么好，是想让我做什么？"

当女儿这样问我时，我只是笑着对她说："妈妈爱你，没有别的目的，只想让你高兴。"

女儿试探了几次，发现我对她的好是真的不带功利心后，她才完全放下戒心。

有句话说，因为爱，所以才顺从！

我想说，因为爱，所以才放弃！

所以，我对问这些问题的朋友说："你问问自己是真的爱孩子吗？如果是，他会顺从的，为了你的这份爱，他会放弃自己的倔强！"

在女儿的成长过程中，她也有多次累到不想走的时候。但是，她说："妈妈，为了你，我也要坚持一下。"学习过程中，有好几次累到哭，她都咬牙坚持熬过来了。

02

教育，本来就是一个灵魂影响另一个灵魂，一个生命唤醒另一个生命！

一旦生命深处的爱被唤醒，就能产生无穷的力量。

孙瑞雪教授说："爱，是一种关系。"我特别赞同。

我和女儿做得最多的事不是学习，而是在周末手拉着手，一起在湖边散步、逛商场、去咖啡厅、去电影院、去新华书店或者是去做美甲；不出去时就一起在房间中打闹，互相开玩笑。

我们彼此分享悲伤和快乐，直到现在，我和女儿每次打电话，结束时我肯定和女儿说："妈妈爱你！"

女儿也必定会和我说："妈妈，我也爱你！"

女儿在我面前是放松的，安全感十足。在这种浓浓的爱的氛围中，她快乐地成长。她的心是自由的，身体是自由的，在爱与自由的环境中，她觉得自己活得有价值、有意义。

无论是在我和她爸爸眼里，还是在老师眼里，她都是那个独一无二的她。就像女儿自己所言，高中时虽然她身高有173厘米，但是体重将近160斤。可能在外人眼里满脸痘痘、一头短发的她奇丑无比，可女儿还是认为自己是天底下最漂亮的女孩。

当然，在和女儿相处的过程中，看到她做得不对的时候，我会心平气和地告诉她："妈妈很爱你，但是这件事情你不可以这样做。"然后告诉她哪里不对。

我也有压力特别大、忍不住想发脾气的时候，我就会和女儿说："对不起宝贝，妈妈现在的情绪很不好，和你没有关系，妈妈待一会儿就好了。"

实在难受时，我也会哭，哭1~3分钟，女儿会静静地看着我，等我好了再来安慰我。

我就是这样真实地活在女儿面前，所以她不但知道有情绪是正常的，而且知道让情绪排解就好。

03

正如孙瑞雪教授在《爱和自由》一书中所言：有自我的孩子，会选择自己感兴趣的东西反复地做，并且会变得专注。

在长久的专注中，她逐渐感知并把握了事物的规律。把握了事物的规律，就愿意遵守它，就有了自我控制力。

所以，女儿是自律的、积极主动的和感恩的，她和周围绝大部分人的关系都非常好。

在陪伴女儿的过程中，因为我能认真观察女儿的举止，所以对她的了解足够深入，她的任何"风吹草动"我都能及时发现。同时，我在对女儿的教育上，知道什么时候"睁眼"，什么时候"闭眼"，什么时候该表扬，什么时候该批评，能及时纠正孩子的问题。

生命就是在点点滴滴的生活中被创造出来的，女儿小时候个性非常强，但是现在的她看不惯的人和事越来越少，几乎没有了。

女儿感受到爱，感受到自由！

因为有爱所以愿意顺从，因为有意志所以能够顺从。

在自由中，女儿活成了她自己！

拥有好心态更容易感受到幸福

01

新一代"80后""90后"的家长,习惯一边照顾孩子一边做其他事,比如玩游戏、刷微博、看视频等。如果孩子哭闹的话,就随意丢给他一个玩具让他自己玩,这种场景很常见。

家长们该怎么做,才能让孩子有一个幸福快乐的童年?让他吃饱穿暖就可以了?满足孩子的任何需求?把孩子丢给父母带,自己只管挣钱养家?

首先,我们要明白,什么是幸福?美国加州大学心理学系教授柳博米尔斯基曾做过一个调查活动,他问不同年龄、阶层、性别、肤色的人,什么是幸福?收到最多的答案就是:一家人快乐地生活在一起,彼此用心地陪伴。

那么，我们就可以理解为当一家人和乐融融地在一起做一件事情时，幸福就真实存在。

现在回想一下，你每周陪伴父母、恋人、孩子的时间有多少？

曾经我在很长的一段时间里都认为，赚的钱越多，地位就会越高，人就会变得越幸福。后来我才慢慢明白，幸福与金钱、地位都没有关系。幸福是一种感受，更是一种能力，我一直希望能让女儿做一个幸福的普通人！

如果孩子从小在家庭生活中就能够拥有稳定的幸福感，并知道一些获取幸福的方法，那么她的幸福感是可以延续的，这对今后孩子的独立成长有很大的帮助。

02

自从女儿上高二后，我便决定在学校附近租房子住。每天陪伴着女儿，给她准备热气腾腾的饭菜，等她放学回来吃。

那两年我基本上天天中午从学校坐 1 个小时的公交车回家给女儿做饭，中间还需要换乘一次车。和女儿一起吃完饭后聊一会儿天，直到女儿睡午觉后，我再坐公交车赶回学校上课。晚上下班后坐通勤车回家给女儿做好晚饭，她吃过饭后睡30分钟再回学校上晚自习。

有同事看我天天往家跑，觉得我特别辛苦。于是就问我："你不累吗？"

我没有觉得多累，辛苦是肯定的，但现在回想起那段陪伴女儿的时光，我也觉得特别幸福。

每天在往返的公交车上，看看窗外的街景，想到女儿狼吞虎咽地吃完我做的饭，我忍不住嘴角上扬。想到自己的陪伴让女儿的压力得到缓解和释放时，我就特别有成就感。

作为一个母亲，能让孩子感受到物质和精神双丰收，就会获得最大的成就感和幸福感。

记得有一天我回到家，女儿跑过来对我说："妈妈，你每天这样来回跑，我特别心疼，我不希望你这么辛苦！"

那一刻我感觉特别欣慰，觉得再辛苦也是值得的。

犹记得在她高三那年的冬天，我在公交车站等车时，遇到她一个同学的妈妈。看到我，她就立马和我抱怨说："这么冷的天，孩子他爸都不能送我回家给孩子做饭，让我自己坐公交车。"

当我告诉她，我天天自己坐公交车来回跑时，对方先是沉默了一会儿，然后才和我说："其实我的丈夫中午一直都送我回家，只是偶尔有事才不能送我。今天就是因为没有送，我觉得特别生气，特别委屈。没想到你天天如此，还发自内心地高兴，心甘情愿地为孩子付出。"

我觉得，能让孩子吃上自己亲手做的饭，是一件特别骄傲和幸福的事情。在还能陪伴孩子的时候，就多给予一些陪伴吧。

03

我和女儿同学的妈妈一起上了公交车，车开出一段时间后，我继续自言自语地对她说道："你看看窗外的风景，看那棵树上的两只小鸟。大的肯定是妈妈，小的肯定是孩子，你看它们母女俩高兴地叽叽喳喳，肯定在向彼此分享各自高兴的事。"

过了一会儿，我继续叫她："快看，今天的蓝天和白云格外的漂亮，和昨天的一点儿都不同。想想孩子，我们的付出都是为了以后让孩子能够多感受到家的温暖，懂得承担责任和感恩，以后回想起他们幸福的样子，心里是不是很高兴？以后再上哪儿找这种幸福时光？"

她连连点头，非常感激我给她的鼓励。

后来我们又遇到过两次，我的语言虽然简单，但是彻底改变了她。

她后来和我说："我之前的心态不对，原来是抱怨，现在是幸福，人的状态真的是取决于自己的一念之间。"

当我把这件事分享给女儿，问她有什么感想时，女儿说："妈妈，我懂了，幸福是一种付出，是一种感受。"

为了加强女儿的感受，我和她分享了我的想法。

"我们家没有车，当然也没有车库，只有大庆的住房。有一段时间，妈妈心里特别不平衡，同龄人一结婚就有车有房，夫妻二人全国各地游玩，在孩子还没出生时，孩子的奶奶就在北京早早买好房子了。如果单纯比物质，那是不是应了那句话，人比人得死，货比货要扔？"

通过这些故事，女儿逐渐明白心态好的重要性。

04

在学习和生活中遇到任何问题时,女儿都能平静地接受,先解决问题,随后再想一想自己哪里做得不到位。

无论是在法国读研究生时,还是在新加坡实习时,她都能够经受住情绪的惊涛骇浪,从来没跟我抱怨过什么,自己把自己照顾得很好。每次打电话她都会跟我说:"妈妈,谢谢你对我的陪伴和鼓励,没有你就没有现在的我,有你这个妈妈,我真的好幸福!"

直到现在,女儿还依然感谢我那两年的陪伴。我也庆幸自己做了一个明智的决定,不给自己留下任何的遗憾。

通过这些事,我也彻底理解了龙应台写的这段话:"所谓父女、母子一场,只不过意味着,你和他的缘分就是今生今世不断地在目送他的背影渐行渐远。你站立在小路的这一端,看着他逐渐消失在小路转弯的地方,而且,他用背影默默告诉你:不必追。"

利用"复利思维"增进亲子关系

01

所谓复利思维,本质就是:做事情A,会导致结果B;而结果B,又会反过来加强A,不断循环。

正如滚雪球,雪球是越滚越大的,如此不断重复,雪球会大到不可想象。

我虽然没有积累很多物质财富,但是我拥有一笔精神财富。24年来,我靠耐心和坚持做了一件事,把女儿培养成社会能力超强的世界名校研究生。

女儿被哥伦比亚大学录取后,很多人向我请教培养女儿的秘诀。我觉得所谓的秘诀,最重要的是有一个正确的育儿观。

什么是正确的育儿观？我的理念是亲子关系比教育方法更重要。

大家都听过性格决定命运，那什么决定性格呢？从心理学的角度看，亲子关系会内化为孩子的思维模式，久而久之就形成了孩子的性格。

亲子关系奠定了孩子的生命底色，孩子与父母的关系和孩子未来的事业、婚恋有着密不可分的联系。

所以，在培养女儿的过程中，我最关注的是和女儿建立良好的亲子关系。我们是母女，是朋友，更是闺密，是成长道路上互相搀扶着一起向前走的人。

女儿良好的性格及习惯，在经过近六年的考验，已经在学校和企业中得到了验证。她不但积极、阳光、主动、正能量满满、遇事不纠结、情绪稳定，而且出现问题后第一想到的是解决问题，随后再去化解其他的矛盾。她能够站在对方的角度，从公司的利益考虑问题，得到了老师、老板的极大的认可。

更重要的是，她在与同学、朋友相处的过程中，是一个非常有趣的人，是一个充满了幽默感的人。

02

我是如何把女儿培养成这样的呢？这么多年来，我一直坚持做一件事：每天和女儿聊天40～60分钟，有时遇到特别难的问题，可能聊两个小时。

40～60分钟谈什么呢？内容不固定，都是我们在日常工作、学习中的所思所想。有的来自朋友，有的来自家人，有的来自电视、报纸，有的来自社会上看到的方方面面。凡是对女儿有利的，我就引导她学，不利的告诉她不要做。

具体怎么做，处理的过程中是有智慧、有诀窍的。

例如，在女儿四岁时，某个周末，我去小区唯一一间商店去买酱油。

快到门口时，两个人一前一后地从我身边经过，走在前面的人开了门，径直走了进去。后面的人没有注意看，被反弹回来的大门撞到了。这件事对我的触动非常大。

如果前面这个人多注意一下后面的情况，顺手拉住门，后面的人是不是就不会被打到？这样一个小的细节让我想到了很多事情，我一定要和女儿分享，让她做一个对别人有益的人。

但是如果我直接告诉她，可能只会产生一点儿效果，她的记忆不会太深刻。于是，我想了一个更好的方式，来告诉女儿这件事。

恰巧那晚是她爸爸接她回家，当女儿进门时，我没有像往常一样在门口迎接，而是捂着脑袋从屋里哭丧着脸走到门口。

"宝贝你总算回来了，今天妈妈好难受。"

女儿好奇地问："妈妈，你怎么了？"

我接着说："好疼，你快帮妈妈揉揉。"

然后我放开捂着脑袋的手，让女儿看到额头上一道红红的印子。

女儿为我揉着额头，着急地问："妈妈你怎么受伤了？"

"今天妈妈去商店买东西，前面有一个人离我特别近。我以为他会帮我拉一下门，因为我两只手都提着东西，结果我走到门口时，他随手一放，那个门就打到了妈妈的脑门上。然后妈妈的脸就被打成这样了，我就在想……他能不能为我考虑一下呢？"

听我这样一说，女儿马上附和："妈妈，上次我们一起去百货大楼时，有一个阿姨也是这样被打到了。文文曾经和我说过,她妈妈也被这样打到过。"

我顺着女儿的意思,接着往下说:"原来这么多人被打到过?"

"妈妈,以后我进大门时,我会向后看一看,如果有人,我就先给他们拉一下门,等他们进来了我再走。"

"宝贝你真棒,妈妈这么一说,你都能想到替别人着想。以后我过大门时,也要多替别人想一想,多照顾一下别人的感受。"

通过我在女儿面前表演假装受伤的这个小情景,女儿一下就知道了,记住了。

以后在公共场所中,她就会养成为别人着想的习惯,学会换位思考,照顾别人的感受。

03

如何用"复利思维"增进亲子关系?家长要有耐心,坚持做到简单的事情重复做,重复的事情认真做。

和女儿的谈心活动,我坚持了18年。即使她上了大学,离家很远,只要有时间,我们还是会谈论学习、每一天的感受。

　　我也会把每一天好的方面、不好的方面，真实地展露给她。

　　就是在这样重复做的过程中，我们互相借力，进步越来越快。

　　只要方向是对的，不要焦虑，不要不安，多给自己一些时间。

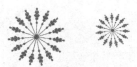

第三章

教育重在日常

何为好的教育？好的教育不是来自学校，不是来自补习班，而是来自家庭，来自家长的一言一行。

家庭是孩子受教育的第一场所，家长也是孩子的第一任老师。

教育重在日常生活的细节，注重细节，以身作则，才能培养出德智体美劳全面发展的孩子。

拥有偶像等于拥有方向

01

在女儿的成长过程中,偶像的力量功不可没。

女儿小时候,很喜欢看动画片,无论看什么,我都会让她有所收获。

有一部叫《小虎还乡》的动画片,每天晚上,我都会陪着女儿一起看。这是一部极具可看性的动画片,它讲述的是一只东北小白虎被偷猎者捕获后,又被人救出,在途中遇到小驴笨笨,它们一同历经千辛万苦,在小主人公燕燕、大龙的帮助下,终于回归家园的故事。

动画片通过描述小白虎和小驴笨笨的曲折经历,告诉我们人与动物、人与自然应该如何相处。更重要的是,它展现了小白虎和小驴笨笨在困难面前，坚忍不拔的毅力和不屈不挠的勇敢精神。动画片浅显易懂，小白虎和小驴笨笨的造型亲切可爱，女儿非常喜欢看。

当然，每次陪女儿观看后，我都会有意识地提出一些问题，进行启发式引导。

我会问："今天，小白虎和笨笨遇到了狠心的猎人，猎人不停地追逐，马上就要抓到它们了，它们有因为害怕而投降吗？"

女儿说："没有，它们不但没有投降，而且还变得更加勇敢了。"

"那它们最后想出好办法了吗？"

女儿一边思考一边回答："想出来了，最后还把猎人甩掉了。"

这种我提出问题、女儿回答的方式，不仅提高了她的思考能力，还锻炼了她的语言表达能力。同时，还能把小白虎和笨笨的勇敢形象植入女儿心中，当她在遇到困难或者做事半途而废时，我就会用它们的故事激励女儿，每次都成效显著。

教育孩子可以随时随地进行，并不需要太刻意，争取通过这种引导式启发，做到潜移默化，水到渠成。

02

有一部动画片叫《海绵宝宝》，讲述的是一块黄海绵，永远乐观向上，自愈能力超强。无论在什么条件下，都能够争取把事情做到最好，同时真实地表达自己。它就像小太阳一样永远发光发热，带给人无限的快乐和激励。

通过海绵宝宝的形象，我告诉女儿，我们要像海绵宝宝一样，把自己当成一块大海绵，不断地吸收、学习，然后过滤，留下好的，挤掉不好的。

直到现在，女儿身上还具备这种能力，她善于从别人的身上学习、吸收，去其糟粕，取其精华。

还有一部动画片叫《哪吒传奇》，讲述的是拥有神奇力量的哪吒，被女娲选定为正义的化身，与代表邪恶的女魔头石矶展开惊心动魄的斗争，最后他在女娲、太乙真人、雷震子等伙伴的帮助下，战胜邪恶的故事。哪吒也是在一道道关卡中，慢慢磨炼，成为一位勇敢坚强的小英雄。他的形象深深植入了女儿心中。

这些优秀的动画片伴随女儿一路成长，偶像的励志故事转化为现实的动力，让她变成了更好的自己。

选择一个正面的偶像,带给我们的人生激励是非常大的。

牛顿也曾说过自己是站在巨人的肩膀上,正是前人的引导、启迪,才让后来的人更加伟大。

随着女儿的成长,在不同的年龄段,她又不断地有了新的偶像,之前那些一路陪伴她成长的偶像,也已经在心中生根发芽。

女儿上初中时,非常喜欢看《哈利·波特》,赫敏就是她喜欢的偶像。赫敏喜欢读书,用功好学,机智聪敏,遇事冷静,是一个无所不知的聪明女孩。

赫敏的形象深入女儿心中,她也想成为像赫敏一样的女孩。

03

偶像的力量是多么强大,当一个人心中拥有伟大梦想的时候,她就会受到梦想的指引,自发地去努力,父母只需要给予更好的鼓励和支持就好了。如果所有的孩子都拥有正向偶像,父母是不是非常省心?

如果你是一位不知道怎么样和孩子沟通的家长,那么，就先从陪伴孩子看动画片开始吧！这是一个和孩子亲密沟通的好方法。不过，每次女儿看的动画片我都会提前做好功课，选择适合孩子观看的部分。这一点非常重要。尤其现在的动画片质量良莠不齐，孩子看的时候，家长需要进行筛选。

和女儿一起看动画片是我们一天当中最享受的亲子时光，在看的过程中，我们时而安静，时而欢快，时而悲伤。这些都是我和女儿在一起时的感受，女儿感觉到我和她心灵相通，我们彼此的距离也拉得更近。

现在，很多家长更愿意打开电视或者电脑，让孩子自己去看，因为这样，孩子比较安静，家长也可以做自己的事情。但是这么做，家长就错过了和孩子最佳的相处机会，也错过了启发孩子成长的重要契机。

内驱力让孩子主动学习

01

林清玄说:"好的教育不是教孩子争第一,而是唤醒其内心的种子。"

唤醒了内心的种子,孩子就会自信,有力量,永远知道自己什么时候该学习,什么时候该玩儿,什么时候做自己该做的事情,变得"不用扬鞭也能自奋蹄"。

生命的根本需求是渴望被"看见",不用力、巧用力的教育,关键点是"看见",让孩子产生内驱力。

良好的关系,高质量的陪伴,对女儿放手,让她做自己的过程中,我能够"看见"她。"看见"她的努力、她的责任心、她的感恩、她的团结与合作,并且给予她相应的鼓励和赞扬。于是,她更加努力地去做,越来越有信心,越来越有成就感,越做越愿意做,成了一个行动力超强的孩子。

对女儿放手的过程，也是让她自己做选择的过程。她会自己确定方向，制定目标。当目标实现，她会越来越有成就感，对自己越来越有信心，越来越能自己做主，对自己的人生也越来越有把握。

女儿一岁到一岁半时，我要考晋级职称，英语是必考的一项。可是我的教学工作已经达到了每周24学时，还要兼顾讲授三门新课，时间完全用在了教学上，根本没有时间复习英语。如果我周末还要带孩子，就可能很难通过考试。

于是，我和丈夫打算周末到高级培训中心去学习英语，所以，请婆婆从老家来家里帮我们看孩子。

白天我都在上课，晚上到家后陪孩子玩一会儿，讲讲故事。洗漱后孩子睡觉了，我继续备课，批改作业，周末一早我就到培训中心学习。几周下来，我并没有发现婆婆和女儿出现什么问题。

02

有一周，因为英语老师生病了，所以英语课暂停，于是，我第一次和婆婆、女儿共度周末，就看到了下面这个场景。

女儿一岁了，走路还不是很熟练。她着急地想得到某个东西时，会趴在地板上爬过去拿。当女儿想从床头爬到书柜时，没等女儿爬，婆婆就利索地把书柜上的小狗玩具递给了女儿，还笑着说："我孙女想要这个是吗？奶奶给你拿。"

不但如此，婆婆还把屋里所有的小娃娃、小兔子等玩具通通放在女儿身边。

接下来的一幕更让我揪心。

女儿还不会说完整的句子，她刚一张嘴，我婆婆就像女儿肚子里的小蛔虫一样，马上把奶瓶给女儿递了过来，女儿摇摇头，婆婆又把沙发垫递了过来，女儿还是摇头。经过几次之后，婆婆把一个丝绸手绢递给女儿，她才露出笑脸。

拿到丝绸手绢后，女儿把手绢递给我。我拿着手绢笑着和女儿说："要妈妈做什么,告诉妈妈好吗?"

其实女儿想说"叠小老鼠",因为她特别喜欢我用手绢给她叠的小老鼠。我总是把叠好后的小老鼠放在左手,右手假装在抚摸老鼠,一边抚摸一边说:"小老鼠乖乖,别动。"

在说到"别动"这两个字时,我的左手小拇指一碰老鼠的尾巴,它就窜到地上去了。每当女儿看到老鼠往前一蹿,就会笑个不停。

那天女儿不说这几个字,我就假装不知道,等着女儿说出这几个字。

"是要妈妈叠小老鼠吗?"看到女儿说不出来,我提示女儿说。

女儿冲我使劲地点点头。

于是,我笑着鼓励女儿说:"那你说给妈妈听。"

"叠小老鼠!"憋了许久,女儿才缓慢地说出这四个字,但是她总算把这四个字完整地说出来了。

"宝贝真乖,能告诉妈妈你需要什么了!"

于是,我快速地叠了一只小老鼠,和女儿玩了起来,女儿玩得非常开心。

03

那天中午女儿睡着后，婆婆责怪我说："我觉得你明明知道孩子要让你做什么，直接叠出小老鼠让孩子高兴不就得了？"

本来我就打算和婆婆说一说，于是，我真诚地和婆婆说："妈，上午您和孩子玩那一幕，我看出来了，您是真的对孩子好。谢谢您，妈。"

听我这样说，婆婆笑着说："小方（孩子爸爸小名）小时候，我没有照顾，看孙女也是应该的。"

我又对婆婆进行了感谢，随后和她说了她这样做的后果，并且告诉她以后在养育孩子过程中的注意事项，婆婆也欣然接受。

在过程中先认同婆婆的做法，再和老人沟通她会接受的，毕竟我们都爱孩子，出发点都是为了孩子好。

再回到故事本身，孩子想要那个小狗玩具，她自己爬过去拿和家长直接给有什么不同？

如果是孩子自己拿到的，她会觉得自己好厉害，她能行，她就有一份成就感。同时，如果家长能懂得她的心理，适时给予鼓励，孩子就有接着做下去的动力，并且是发自内心想做下去。她会接着独立地去做其他事，做成后，若再被家长"看见"，心里的内驱力就会增长。孩子逐渐就变得能"自燃"，不用扬鞭自奋蹄。

如果家长包办所有事情，就会直接导致孩子丧失内驱力，他认为自己什么都不用做，家长就会给他想要的一切，所以他不需要努力。

我们家长总说孩子："你怎么不主动学习？"请问我们有给孩子足够的机会去锻炼吗？

所以，我们家长要让孩子在做中学，学中做，只有亲身体验过，才是真的收获。

04

如果在家庭中，以孩子为中心，不良反应会在孩子上学时凸显出来。

孩子在学校会感觉痛苦和不愉快，因为这样的一个环境，将不再以他为中心。孩子就不会集中精力，专心于学校的学习和活动，他会永远待在家里，不愿意去学校。

一个厌学的孩子，父母必须每天早晨哄他起来，不断催促他起床、吃饭。孩子在用一系列的行为阻止自己去学校，他希望建立一个屏障，阻止自己进步，不想和社会有联系。

这就是溺爱的后果，这也是我看到婆婆精心照顾女儿后，那么"揪心"的原因。

更可怕的是，如果父母有暴力倾向，曾经对孩子有过暴力伤害，比如骂他"你将来会一事无成""我怎么生了你这么一个笨孩子，这么简单的题都不会做"，等等。

孩子没有判断能力，他只会把学校出现的状况当作一种预言。

于是，他越发觉得自己不属于这个学校，越发无法跨越这种障碍。所以在家庭教育中，语言暴力也要坚决制止。

"看见"孩子，有多么重要。

试着从今天开始，用心去"看见"孩子的良好表现，培养孩子的内驱力。

事　件	我　的　"看　见"				
	行为初衷	缺　点	结　果	社会后果	相似行为
奶奶不让孩子爬，直接帮忙拿东西	奶奶心疼孩子，不想让孩子受累	无法让孩子的肌肉和协调性得到锻炼	减缓孩子的智力发育，导致孩子运动能力减弱	降低孩子内驱力，导致孩子不会主动学习	包办行为
奶奶不让孩子说话，直接揣测孩子的意图	奶奶心疼孩子，不想让孩子受累	降低孩子语言表达能力和与人沟通的能力	不愿意和其他小朋友联系	孩子失去了和社会的联系，甚至会丧失适应社会的能力	不断挑剔打断孩子说话
我让孩子说话	1.锻炼表达能力 2.学会用语言沟通 3.多鼓励		孩子会及早说话，用语言沟通，情绪平稳	愿意沟通与表达；有内驱力；社会适应能力强	让孩子自力更生
后续做法	现在做，想未来 让孩子学会自己的事情，自己做 做事前想想对孩子现在的影响 对孩子未来的成长影响				

品格培养比成绩更重要

01

女儿小学一年级时，遇到教育局来学校检查。当时正值深秋，女儿任小组长，把门上边的灰都擦了，其他同学都说："这么高，领导来了肯定不检查。"女儿没有听，自己不但把门上边的灰都擦了，而且还带领本组两名同学把学校操场边，没人注意的角落也都收拾了。

第二天，校长对女儿所在的一班进行了表扬。原来教育局领导去其他学校检查时，发现表面很干净，但是看不着的地方，比如门的上边则布满了灰尘。而女儿所在的这所学校，教育局领导检查后，发现这几处没有人注意的地方都特别干净，特意提出表扬。

女儿回家和我说起此事，我对她进行了大大的表扬。

因为她懂得做事情不能光看表面，也不急功近利。

事情还没有结束，我特意和女儿班主任进行了沟通，让班主任在全班同学面前表扬了她这种认真负责、不急功近利的行为。后来我们几个同学在一起聚会时，我也在其他同学面前表扬了孩子的这种行为。

通过家庭、学校、朋友这样三次间断式的鼓励，女儿深深地知道以后做事应该不急功近利，主动承担责任，认真踏实地做好本职工作。

这个特质在她上大学期间不断得到放大，让女儿帮助做科研的老师特别喜欢她，在她申请留学时给了她极大的帮助。

所以，在孩子成长的过程中，我们家长要有一种觉察能力，看到孩子在某件事的过程中表现出来良好的习惯，感觉这对他以后进入社会有极大帮助时，就多次表扬和鼓励这种行为或者习惯。如果家长感觉这个行为或者习惯，对孩子进入社会不利，要想法设法帮助他改正。

02

有一天，我在家做晚饭，三岁多的女儿和本楼的哥哥、姐姐们在外面玩。因为那时我们整栋楼都是本校职工，放学后所有孩子都在楼外一起玩，女儿最小，几个大哥哥、大姐姐都知道呵护她，所以我特别放心。

饭还没做好，就响起了敲门声，我打开门，看见女儿满头大汗，脸和手都脏兮兮的。她钻进屋子，一边洗手，一边兴高采烈地喊着："妈妈，外面有一个人，特别好玩。"

"告诉妈妈，怎么好玩？"我感兴趣地说。

"我们做什么，她就学我们做什么。"女儿一边说，一边做出挖鼻孔、揪耳朵、做鬼脸等动作。

"你们做什么，她就做什么？特别好玩是吗？"我还是平静地问道。

"是的，后来路过的一个大人告诉我们，她的智力有问题。"女儿的热情一点儿也没有减少，照样兴奋地说着。

正说着，女儿的爸爸进了屋，我们三个人一边吃饭，一边谈论白天各自发生的事。女儿还是乐此不疲地说个不停。

我平静地听着，让女儿尽情地表达，然后，在睡前和女儿讲了一个故事——我初中刚从老家转到包头上学，第一个月发生的故事。

"妈妈刚转到包头时,不会说普通话,而且因为我在老家没有学过英语,各科的内容也不一样,所以,第一次考试时,成绩不是很好。班里的几个男生见状就欺负妈妈,我站在哪儿,他们都说'好狗不挡道',我只要一张嘴他们都说我'山东大碴子,不穿裤衩子'。你说,妈妈那个时候是什么心情呢?"

　　女儿问:"妈妈,你还受过这样的欺负?"

　　我说:"是啊,当一个人表现得和我们不一样时,我们要不要笑话她呢?"

　　女儿说:"不应该。"

　　"那你今天笑话那个人,她心里是什么感受呢?"我反问道。

　　"可是,妈妈,她不知道我们在骂她。"女儿振振有词地说道。

　　我仍然心平气和地对女儿说:"她知道谁对她好,谁对她坏,我们应该尊重她。"

　　女儿低头不出声了。

　　我抱紧了女儿,轻声地说道:"你还小,不知道这个道理,妈妈不怪你。"

"妈妈，我知道错了，我不应该欺负她。"女儿仰着头，朝我扮了一个鬼脸。

"那宝贝，你告诉妈妈，通过这件事，你得到了哪些启示？"我接着问道。

"不欺负人。"

闻言，我满意地点点头："非常对，我们要学会尊重每一个生命，尊重每一个和我们不一样的人。"

这是一件特别小的事，可是当我意识到这件小事，涉及孩子的品格时，就及时对她进行教育。在孩子的成长过程中，我认为品格培养比成绩更重要。

家长必练的三大技能

家长必练的三大技能：觉察问题、分析问题以及解决问题。

家庭的教养方式是影响儿童健全人格构建的重要因素之一，教养方式不同，培养出的孩子类型就不同。

家长要成为一个擅长高效学习的人，这种学习不限于书本，无论是跟人的一次交流、报纸上的一条新闻、工作中的某个现象或者和孩子相处的过程中，都能找到教育孩子的素材。最主要的是要养成这种探究欲望，让自己具备敏感性和努力钻研的心态。

孩子出生时，只会吃喝拉撒睡，所有的孩子都是一张白纸。随着孩子慢慢地长大，性格、品质、人格和习惯等出现了越来越多的差异性。

01

家长必练的第一项技能，是通过孩子的外在行动、面部表情、语言动作等表现察觉问题，迅速地分辨出这个问题是否会影响孩子的人生，判断出什么是最佳的处理方式。

那么，问题来了，我们在与孩子相处的过程中，每时每刻都是一场直播。在这场不可预料的直播中，家长要怎样才能觉察出问题？

其实，问题产生时，我们首先看到的、感受到的是情绪。当孩子的情绪和平时不同，显得急躁、不稳定时，背后往往隐藏着问题。情绪越激烈，问题可能会越大。

女儿上高二时，我像往常一样在学校门口等着接女儿回家，女儿面无表情地走近我，默默地挽上我的胳膊。看到这种情况，我就知道女儿肯定又有心事了。

学校距离家只有5分钟的路程，女儿没有说话，我也没有问，只是胳膊有力地挽在一起，直到回到家里。

情绪是钥匙，也是解决问题的关键。这种情况下，我知道必须把情绪解决掉才能让女儿高效学习，于是，我选择了主动出击。

"今天我们的小雄鹰（我对女儿的昵称）怎么了？妈妈看你不高兴，学校发生了什么事情吗？你愿意和妈妈说说吗？"

女儿慢吞吞地从书包中掏出一沓试卷，一边递给我，一边低沉地说："月考成绩出来了，总分还是倒数第一。又是倒数第一，学习真没劲！"

我接过女儿的成绩单，一边看，一边在脑中迅速地想对策。我告诉自己不能出现任何鄙夷的表情，也不能对女儿发火，她需要的是鼓励。我一定要心平气和地解决，否则于事无补。

当我看到她的成绩是班级倒数第一，但是年级名次有上升时，对于怎么解决她的情绪，我心里就有了谱。

02

第一步，感受情绪，建立信任。

"妈妈看完了你的成绩单，明白你的感受。你觉得自己又是倒数第一，就认为努力没有用，对自己不满意是吗？"

"当然不满意了，妈妈，你说我每天这样学，态度上有问题吗？行动上有问题吗？积极主动，认真听讲，好好写作业，每天也总结反思，但是为什么成绩就是进步不了呢？我又是倒数第一，今天同学都说，我们班有几个人想找排名直接倒着找名字就行。"

听完女儿这几句话，我的心里更有数了。因为我在班级中找女儿的名次时，就是倒着找的，这是事实。

名次上考了倒数第一是让人难受，但是，更让人难受的是同学们对于她名次的评价，让她觉得没有面子，这才是根本。

女儿生气地说："这一个月又白学了，反正怎么学都没用，不想学了。"

我知道这是女儿的气话，我告诫自己，千万不能掉入女儿的情绪陷阱中，不要在语言上和她纠结。

03

第二步，认同事实，强有力地发问。

"你说这一个月又白学了，真的是这样吗？你想一想如果这一个月真的不学的话，那你的成绩还会这样吗？"

女儿的声音不自觉地大了起来："一个月不学，太可怕了，别说班级倒数，那还不掉到年级倒数？"

"是啊，一个月不学，那可能就是年级倒数了。一直以来你的努力付出，名次上虽然在班级还是倒数第一，看着没进步，但是，没进步实际上就是在进步。"说的同时我故意把最后一句话加重了语气。

"没进步实际上就是在进步……"女儿重复着我这句话，眼里放着光。

我说："学习犹如逆水行舟，不进则退，就是这个道理。你都没仔细看，虽然在班级上你还是倒数第一，但是在学校的名次提升了。"

"真的吗？放学前发的试卷，我只注意到他们讽刺我倒数的事了。"

女儿迅速地在年级名次的成绩单上仔细找了起来，接着兴奋地说道："妈妈，真的，我在年级排名上，进步了20多名。在学校进步20多名，在全省我超越的人数将会更多。"

听到这句话，我觉察到女儿的世界观有问题，但是我选择优先处理她的学习问题。

04

第三步，设定目标。

我趁热打铁地发问："如果你的名次想提高五名，你认为可能达到吗？如何才能做到？"

女儿对着总分成绩单沉思了几分钟说："妈妈，我认为我的数学已经到了极限，即使再努力，提分的幅度不大。英语也是这样，正常发挥，要考到140多分有些困难。要是想提分的话，就是在文综方面，我要再巩固一下基础知识。这次考试还是文综最低，如果能提高一些分数，那么排名就能靠前了。"

"妈妈觉得你分析得特别有道理，数学和英语提高的空间有限，想提高分数的话，应该在文综方面下功夫。那具体到科目上，应该怎么实现呢？"我抱着好奇的心态，继续问女儿。

"历史、地理和政治这三科知识量都有点儿大，我认为还是单科突破比较好，先从历史这一科目开始，明天找王老师谈谈。具体的突破点在哪里？剩下的科目保持现状就可以了。"

"这是一点,还有其他的吗?"

"上课要认真听讲,认真写作业。"

我问:"还有补充的吗?"

"上课积极主动,课下积极反思,还有一点特别重要,就是要坚持,如果成绩暂时没有进步,也要坚持!"

"要坚持,上课积极听讲,课下作业完成后反思,先从历史这一科突破。总结得太棒了!"我笑着朝女儿竖起了两个大拇指。

05

听完我的话,女儿高兴地站了起来,准备做作业去。

你是否认为问题解决了,可以让孩子写作业去了?

不,如果放女儿走,就错过了解决另一个问题的时机,错过了纠正孩子世界观的一次绝好机会。

于是,我和女儿又有了一场对话。

"再耽误2分钟,先不要走,刚才妈妈听到你说了一句话,这句话特别有意思。"我故意把"有意思"这三个字说得很重,但是仍然心平气和地说。

女儿听我这么说,马上又坐了下来,问道:"妈妈,哪句话有意思?"

"你刚才说过,你在学校前进了20多名,在全省我超越的人数将会更多。"

"是的,妈妈,我说了,怎么有意思了?"

"妈妈试着去理解你这句话,你的意思是,因为你们学校是省重点学校,即使你在学校只前进很少的名次,放在全省范围内比较,可能上升了200多名,换句话说,通过此次考试你高兴的是你超越了20多人,或者全省的200多人,是吗?"

"对呀,我超越的人越多,当然越高兴了!"女儿依然兴奋地说。

"那假设你一路高歌猛进,考了好大学,毕业后有了一份好工作,进入社会后,你高兴的点在哪里?"

"毕业上班了,我也会好好工作,做得比别人好,妈妈放心吧。"

"假设你的单位里都是特别优秀的人,如果你无法超越他们,那你还会觉得高兴吗?觉得幸福吗?"我依然心平气和地说。

"妈妈你什么意思,我在你眼中就这么笨,这么不如别人吗?"女儿气得脸红红的,嗓门也大了起来。

我轻轻地拉着女儿的手说:"我知道说出这种话后你会生气,但是我深信我的宝贝不至于笨到这个程度。"

"那你还这么说,到底什么意思?"女儿仍然气呼呼地说。

"按照你的逻辑你自己推导一下,从此逻辑出发,你的幸福观是什么?"

我没有把话说完,我知道,凡是结论性的,最好让女儿自己说出来,效果会更好。

"在学校里我超过别的同学我高兴,在单位里上班我超越同事我高兴,一旦超越不了,我觉得我可能就不会这么高兴,也可能不会感觉幸福。"

"在这个世界上,人和人之间的智商、起点差距很大,如果我们的幸福建立在和别人比较上,永远比不完。就像妈妈,和我同龄的人好多都是国际名人,妈妈可能一辈子都是一个普通人。那妈妈不是个好妈妈,也不应该觉得幸福了?"

女儿说:"妈妈,听你这么说,我明白了,之前你就多次和我说过，要和自己比，可是这个错误为什么我总是犯，我可真笨！"

"不是你笨，是现在你在学校，考试就是一场这样的竞争。现在你有这样的竞争意识是对的，可是，如果形成这样的理念和思维模式，一旦到了社会，这个观点会让你感受不到幸福。"

"妈妈，我明白了，以后我就和自己比，看看下次考试有没有比这次进步，只学习别人身上的优点。"女儿明白了道理，语气又欢快起来。

06

以上对话持续了半个小时，从表面看好像耽误了女儿写作业的时间，但是，这半个小时不但解决了女儿学习动力的问题，让女儿明白了坚持这个好习惯的重要性，还让她明白了一个做人的道理。

让女儿带着愉快的心情写作业，效率肯定特别高。

慢，就是快！

反之，如果我看到她考了倒数第一名，不问青红皂白，就把女儿训斥一顿，那女儿的情绪势必很低落。更可怕的是，即使我发现她的世界观有问题，也没办法纠正过来。慢慢地，她不但觉得自己不行，而且会失去学习兴趣，更可怕的是可能从此我会失去和她谈心的机会。

我处理问题的方法，就是看到问题后，第一时间想解决方法，而不是抱怨。

后来的考试，女儿也有过考全班第一，但是在全校排名落后的情况。我接着鼓励她去坚持，向她解释水滴石穿的道理，开导她偶尔倒退几名也没有关系，关键是要有毅力。我笃信她能行，告诉她只要养成坚持的习惯，在以后的工作中，做什么都能做成。

所以，学校一次又一次的考试，最终打磨的是女儿的韧劲，这是一个人成功非常重要的品质。

我们家长要学会跳出成绩看成绩。

家庭教养方式不同对孩子造成的影响，说到底，就是在孩子出现问题时，父母处理方式不同，对孩子态度的不同。父母与孩子相处的方式不同，导致孩子的状态不同。而察觉问题、分析问题和解决问题的能力是家长必练的三大技能！

如何让孩子人见人爱

01

俗话说，百善孝为先。如果孩子做到了孝顺，那么我们就要"看见"。

我敬爱的大伯曾经来我家住过7天，他在临走时拉着我的手说："小红啊，娅娅这个孩子了不得，太懂事了，要好好培养，长大后一定很有出息，我很看好她。"

我知道，大伯这么说是因为他在我家住的一周时间里，女儿的表现让他和伯娘觉得孩子特别懂事。

由于家庭的特殊原因，我在11岁时不得已离开老家，千里迢迢来到位于包头的大伯家。大伯和伯娘抚养我长大，直到我考上大学离开包头，从青春期伊始的懵懂少女长成落落大方的姑娘。

这7年的时光里,他们给予我最好的陪伴和成长,也教会了我如何去爱。

因大伯和伯娘是给我第二次生命的人,因此搬至新居后,我便邀请大伯和伯娘来家里住些日子。大伯是个做事标准很高、严谨细致的人,这么多年他都在坚持着做一件事:每一天都用笔记录家里发生的事情,他所记录的纸张叠起来有半人高。

在这短短的一周时间里,正读高一的女儿到底做了什么,让阅人无数的大伯说出这样的话?

02

对孩子的培养并不是任意而为之,要有方向性的刻意锻炼。

想培养一个高情商的孩子,让孩子能更好地处理人际关系、融入社会,在与别人相处的过程中让别人感到舒服。这其实是个人魅力中的"软能力",在一定程度上这种能力比个人的"硬技能"更重要,所以这种能力是我培养女儿的一个重点。

因此大伯和伯娘决定来家里住时,我想进一步培养女儿和年迈的大伯、伯娘和谐相处,让女儿对老人保持尊重和耐心,提高她的沟通能力和情商。

首先为了保证他们此行能吃好玩好,心情舒畅,我们提前一周召开了家庭会议,一起制订了攻略。包括饮食、游玩、购物等系列方案,这个过程可以让女儿有参与感和仪式感,从而加深她的思考。

家庭会议一开始,女儿便立马提出家里不要买西红柿,因为上次她回大伯家时看到舅舅买回来一袋西红柿,大伯一脸嫌弃地把敞开的袋子捆好拎到了厨房柜子的角落里。她还注意到伯娘喜欢吃焖面(我老家的一种特色食物),因为一吃焖面伯娘总是笑得很开心,让我不要怕麻烦多给伯娘做几次焖面。她甚至还知道新东方百货大楼有两个老年人服装店,这让我有些诧异。孩子很得意地说完后,爱人想到我大伯爱喝酒,要去买两瓶好酒放在家里,等等。

我们全家都很享受一起出谋划策的过程,第二天女儿又提醒我说应该买个摄像机,因为她觉得重要的时刻应该录像,保留下来更有纪念意义。

我不得不承认,孩子有时候考虑得比大人还周到。

自从大伯和伯娘来到家后,她每天放学回家后都要先和老人说一会儿话,再去写作业,我则是及时地对她的做法给予反馈。

03

场景1:贴心的互动,倍感温暖

女儿回家后会问他们今天过得开不开心,有什么感受之类的问题。和大伯、伯娘互动时,比如谈到铁人纪念馆时,她会和大伯、伯娘说:"去了铁人纪念馆,我才知道什么是大庆精神、铁人精神,从一楼参观到二楼,我被铁人所震撼。他们跳进泥浆池的忘我,忍受打井条件的艰苦。'有条件要上,没有条件创造条件也要上'的铁人精神让我特别感动。"

看到女儿和大伯、伯娘一直在滔滔不绝地讨论而忘记了作业,我当时没有打扰和提醒她,我知道这些比写作业更加重要。

因为女儿在和老人聊天的过程中,我分明感受到,身处大庆的女儿,已经深深理解了什么是大庆精神和铁人精神。

场景2：在饭桌上的女儿像个小大人

女儿很会照顾人，吃饭时，她会及时地给伯娘和大伯倒上一杯水，给他们盛饭和夹菜。

女儿甚至会俏皮地问："大伯，你有没有喝醉过？你酒量有多大？"

继而又问问伯娘："伯娘，我妈妈小时候乖不乖、皮不皮？有没有挨过打？"

欢声笑语绕满整桌，她还会说一些自己在学校里的趣事，惹得伯娘和大伯开怀大笑。看大家都快吃饱了，女儿迅速地将削好的水果端上来。这些都是我之前在她奶奶家常做的，而如今她已在潜移默化中自己学会了，不用说她也能有模有样地完成。

她没有刻意去表现自己，看得出她会把别人放在心上，会为他人着想。

场景3：有自己的坚持，做自己的主人

大伯、伯娘临走前的那晚，女儿和同学有点儿事情耽误了，所以回到家已经十一点多了。当时大伯、伯娘和我聊天后刚躺到床上，我是不想让女儿去打扰老人休息。可是女儿说她第二天很早就要去学校，不能和大伯、伯娘

道别,所以她坚持要去和老人家聊天。

现在看来女儿的坚持是对的。那年大伯一家走后,她只在电话里和老人聊过天,再次见面要等到她从法国学成之后了。

至于她进屋后和二位老人说了什么我没有参与,第二天走前大伯和我说这个孩子太懂事了,太真诚,了不起。

04

不要阻挡孩子的一些想法,适当地给出建议由她自己做选择。

很多独生子女在家里,大人都是围在孩子身边转,孩子就是中心。而我不希望这种情况出现,希望女儿能体会别人的感受。

我们每个人的家庭,总会有招待客人的时候,除了做到礼貌之外,还要让别人觉得舒服自在。

怎么做呢?

首先,提前和孩子沟通,让她有心理准备,也让孩子感受到自己被关注和重视。

其次，告诉孩子要多夸夸别人，没有人不喜欢被人夸，哪怕是来自小孩子的夸赞。

最后，我会对孩子的表现给出反馈，哪里做得好就夸赞，哪里还可以更好，下次还可以怎么做，等等。让孩子感受到她的作用，让她有成就感。

这样的教育让女儿在和他人的沟通、交往中都会感觉很舒服，会把自己的姿态放低，自动吸引周围的同学们和她一起玩。有句话说："你若盛开，清风自来"，我想说："你若真诚，人能萦绕。"

05

提高孩子情商，让孩子学会与人相处，人见人爱，只需注意以下4点。

（1）把生活中的事例融入教育，将教育融入生活，达到"润物细无声"的教育境界。

（2）对孩子做得好的地方及时反馈，让孩子被"看见"。例如每晚女儿睡前我都会与她交流，肯定她对大伯和伯娘的孝顺，从不吝啬对孩子的夸赞。

(3) 自己要以身作则，把道理告诉给孩子。

例如，这次大伯一家来，我就分享了两个智慧的要点给女儿。

智慧要点1：善意的欺骗也是孝顺

大伯、伯娘刚到我家时，我给他们做了刀削面，里面加了一个荷包蛋。伯娘一边吃一边看着大伯，很开心地嚼着面，忍不住打趣道："你不是说不吃鸡蛋吗？怎么到小红家你就吃了呢？"

大伯抬起头看了一眼伯娘，什么也没说就把面吃完了。我听出了伯娘的弦外之音，悄悄问伯娘后才知道，原来大伯在家舍不得吃鸡蛋，因为他那个年纪节俭习惯了。

第二天，我马上去市场买了许多鸡蛋和牛肉，回家和他们说："我的同事知道你们大老远的过来玩，就给你们买了一点儿吃的。"老人总是怕我多花钱，一听是送的便放松下来。有时候善意的欺骗也是一种孝顺。

智慧要点2：做事要懂得变通

我带大伯、伯娘去亚布力另一个亲戚家，下火车是早上5点，直接去那个亲戚家太早，怕影响他休息。

我想带大伯、伯娘在火车站附近的宾馆休息几个小时，当知道一间房3个小时要30元时，大伯、伯娘果断地说："不用，不用。"

我知道，从小苦惯了的大伯、伯娘不肯花这些钱，可是五月底的亚布力，早晨还是很冷的，不能让大伯、伯娘受冻。我当时附和他们说："不去，不去，是太贵了。"

把背包放好后，我单独找宾馆推销人员和他说明了情况，我们一起演了一场戏，我先给了他20元。后来见到大伯、伯娘时，推销人员就说我讲价讲到10元了，他们一听，3个人3小时一共才10元，就答应了。我大伯一定要掏这份钱，我没有阻拦，我们暖暖和和地度过3个小时后去了亲戚家。

像这样的智慧要点不止在这次体现，其他时候如果我有好的做法，我都分享给女儿，所以她养成了做事充分为他人考虑的习惯，让事既能做成，也让别人感觉舒服。现在她去了法国，国际班的同学和老师都非常喜欢她。

（4）在陪伴的过程中随时观察和了解孩子，和孩子保持良好又紧密的关系，这样才能让孩子对你敞开心扉。

第四章

轻松培养孩子的学习能力

培养孩子的学习能力其实也可以很轻松，先从问题的根源入手，搞清楚孩子为什么不愿意学习？大多数情况，都是因为孩子小时候没养成良好的学习习惯。

如何让孩子主动做作业、预习、学会思考、锻炼记忆力、爱上读书？

孩子为什么不愿意学习

01

经常有小学生的家长抱怨说:"我家的孩子放学一回到家,先把书包一扔,然后手里就抓着遥控器,不停地换台找动画片,要不就拿起IPAD玩游戏。你让他先去写作业,他也不肯动。最后被催得没办法,他才坐在书桌前,磨磨蹭蹭,一会儿摆弄笔,一会儿玩尺子、橡皮,反正就是不专心写作业。我们是真的没有办法,孩子怎么说都不听。"

其实,这种情况是因为孩子在小学一二年级时,没有养成良好的学习习惯。培养学习习惯的最佳时期就是小学的一二年级,这个时候家长要多费点儿心,即使再忙也要挤出时间陪伴孩子学习。

　　每天孩子放学回来，家长要尽量陪同写作业，这样做的好处有两点：一是可以检查孩子作业是否正确，字迹是否潦草，是否有序认真地去完成老师布置的任务；二是培养孩子一放学就专心写作业的习惯。这个习惯一旦养成，后期在孩子学习上，家长就会非常省力，不需要陪同和操心了。

　　因为这个习惯定式已经形成，就像每天刷牙、洗脸一样，已经成为生活的一部分。很多家长不重视，认为小学才刚开始，孩子还小，无所谓学习好或者不好，以后长大点就好了。所以，孩子放学回到家，家长督促一声该写作业了，就去做自己的事了。这就是家长的认识问题。

　　如果家长在这个阶段做好了，那后期会很省心。聪明的妈妈只会辛苦一两年，不够智慧的妈妈则会辛苦好多年，甚至是一辈子。

02

　　女儿在上小学一二年级的时候，我就非常注重培养她的学习习惯。我当时就想，女儿刚上小学，学习习惯的培养宜早不宜迟，千万不能错过这段最佳的时期。

　　每天女儿放学回到家，养成的习惯是先上厕所后洗手，然后喝点儿水，接着就开始写作业。这个时候家里很安静，孩子写作业时，家里尽量不要有其他的杂声，以免分散孩子的注意力，当然也不能开电视。我家里看电视的时间是有规定的，必须在全部完成当天的学习任务后，才可以看电视。

我和女儿并肩坐在一起，我会先让女儿把今天的作业单拿出来，了解老师今天布置的任务是什么。然后把课本拿出来，和女儿一起复习老师今天讲的主要内容，利用几分钟帮助女儿梳理知识。这样，在孩子做作业时，我能心里有数。

小学一年级的课本其实很简单，内容也不多。我这样安排的主要目的是培养女儿在写作业这件事情上，把握好流程。

接下来，女儿就开始写作业了。这个时候，我就可以一边做晚饭，一边监督。间隔几分钟去看一次。等女儿写完一科之后，我就做全面检查，如果发现问题，及时讲解，同时要保证作业的字迹工整。

我对女儿的要求是汉字一定要保持横平竖直写大字的习惯，写字一定要用田字格。因为格很大，上面还有线条，方便孩子掌握字的间架结构，才能把汉字的每个笔画写到位。

小学生刚刚学写汉字的时候，很容易歪歪扭扭，或者写得很小，像小虾米一样，这样以后很难练出好字。

一个科目写完之后，再写下一科，顺序也是这样。女儿在写的过程中，我也注重孩子写作业的进度，防止拖沓。

全部写完之后，我还会让女儿预习明天讲的内容。

我大概陪伴女儿坚持了一年半，在女儿二年级下学期的时候，基本就不需要我陪伴了。只是在写完之后，我做检查、签字。

这样的好习惯，在女儿以后的学习当中一直保持。

有时候，我会开玩笑地跟她说："写作业需要妈妈陪伴吗？"

女儿就会说："妈妈你放心吧，我保证完成任务。"

女儿把作业当成每天的任务，当日事当日毕。写作业这件事女儿一直都坚持得非常好，从来没有让我苦恼过、操心过。

从一二年级开始，帮助孩子养成良好的学习习惯，孩子就会主动学习、愿意学习了。

想要学习好，预习要做好

01

很多家长认为，只要孩子写完老师布置的作业就算完成任务了，并没有意识到学习过程中一项非常重要的技能被忽视了，那就是预习。

老师也会给学生布置一些预习任务，但因为预习并不是每天要监督检查的内容，不是强制性任务，并没有引起学生和家长的足够重视。这里我想对家长和孩子们说："预习太重要了！"

"凡事预则立，不预则废"，讲的就是无论做什么事情，都要有充分的准备，才有可能取得成功，否则就会失败。就好像行军打仗一样，事先一定要练兵，先做好各种工程防御，不能等到敌人来了，再临时抱佛脚，到那时，城池早已被攻破。

我们外出旅行，也同样如此。一定要先订好机票、火车票、住的宾馆，了解当地有哪些好的旅行景点，好吃的美食，做好旅行攻略，而不是毫无准备。预习，就是这种准备。

有很多家长说："孩子写完作业已经很累了，不预习，老师上课也会讲。况且预习特别耗费时间，所以不预习也没什么关系。"

其实，这就是没有认识到预习对学习的重要性，也没有找到预习的好方法或者是根本不会预习。由于方法不对，造成预习耗时。

如果在老师讲解新知识之前，做好预习，知识就会储存在人的大脑中，会留下印象。当需要的时候大脑就会自动提取出来，在知识重现时，会有一种熟悉感，心理学上称为"再认"的过程。

老师在课堂上讲解新知识的时候，大脑就会"再认"。上课时，孩子很容易就跟上老师的节奏，而且会形成良性循环，在学习上变被动为主动，增强学习兴趣和自信心。

尤其是小学低年级的家长，刚开始的时候一定要坚持每天陪孩子预习,当孩子自己养成预习的好习惯之后,再放手。

02

了解预习的重要性,还要掌握预习的方法,千万不要走入预习的误区。

很多孩子不喜欢预习,就是不知道如何正确去做。预习的时候不需要全面地铺开,只预习知识的脉络即可,难点的地方重点关注一下。每天花10~20分钟就可以了。预习时再动脑想一想和以前学的知识有什么联系。

针对不同学科,总结出不同的预习方法,对症下药,不要"眉毛胡子一把抓"。现在比较流行的思维导图,就是非常好的脉络预习法。

女儿小的时候,我就坚持陪伴女儿每天预习。女儿写完作业后,我都会往下看看明天老师要讲的内容。我并不是单纯地陪她一起看,而是教会她方法。就好像武侠小说中的武功招式,只要招式学会了,其他时间自己勤加练习就可以了。

我教的招式是在白纸上先画一棵大树干,让女儿填充树枝和树叶，也就是把这一章开头的目录先写出来，每一章当中的各小节写出来。今天老师讲到哪一节，明天要讲哪一节。可以使用不同颜色的彩笔，这样头脑中的知识就会很清晰、有条理。

然后再针对小节中的重点汉字、数学公式等进行记忆，这样做取得的效果特别好，很容易就记住知识点。而且通过图画的方式，不容易忘记。

其实这个方法也就是现在比较火的思维导图，只是在十多年前，还不流行而已。女儿现在的学习习惯也一直是这样——画脉络图。

女儿在预习的时候，我可以做晚饭，打扫卫生，偶尔过去看一看，我们既互不影响，又能做自己的事情，真是一举两得。

思考是孩子进步的发动机

01

周末晚上，表妹带着小外甥来家里做客。小外甥今年上初二，每天学习都很忙，周末还由表妹陪同，奔波于各种补习班。补完数学补英语，补完英语补作文，还有物理和化学。

晚上，小外甥在独自写作业，我和表妹一边做晚饭，一边聊天。

我说："孩子每天这么辛苦，没有一点儿休息时间，补课有效果吗？"

表妹说："有没有效果都得补，现在补课成绩还这样，不补课就更糟心了。"

女儿刚上初中时也补课，周末的时候由我陪同，也是奔波于各种补习班。中午没有时间，吃饭只能订盒饭。但是经过一段时间，我发现原本开朗乐观的女儿，笑容渐渐少了，沉默多了。原来比较喜欢的学科，也渐渐没有了兴趣。

我尝试着跟女儿沟通了一次，女儿说："现在每天一点儿自己的时间都没有，除了上课还是上课。觉得自己好像是陀螺，学习没有以前有动力。"

我和女儿说："那我们先不补课，把周末的时间留出来，你在学校要注意跟上老师的上课节奏，回来再整理每天做的卷子，同类型的题进行归纳，专门研究错题，多做错题。再思考老师出题的目的是什么？考点在哪里？采分点又在哪里？"

我和女儿达成了协议，经过一段时间，我发现女儿又变得开朗了，成绩也提升得很快。看来这招对她很有效。

女儿学习的进步，很大一部分得益于她的独立思考能力，思考对任何人来说都是非常重要的技能。思考的习惯，要从小培养，很多家长自己不重视，或者家长自己就是在思想上懒惰的人，也不善于思考。如何还能期待他们培养孩子？

大多数人每天忙忙碌碌,从没有认真想一想自己真正需要的是什么,就像提线木偶一样,提的线在哪里,就走到哪里。

　　思考是让人受益终身的好习惯。孩子一旦具备独立思考的能力,就不会被动地接受知识,而是通过头脑去过滤,就好像一个大沙漏,所有的沙子、石头、杂物都在上面,经过层层过滤,精细的沙子才能够筛选出来。孩子学会独立思考还能从中发现问题,发现其中的相同点、不同点,或者彼此之间的联系。

02

　　大文豪巴尔扎克就曾经说过:"一个会思考的人,才是一个真正力量无边的人。"

　　所有成功人士都是善于思考的人,不仅要思考,还要善于归纳总结,直至解决问题。我们古代的大教育家、思想家孔子说过:"学而不思则罔,思而不学则殆。"可见思考是一个人走向成功的重要技能。

　　学会思考,你就不会是一个照单全收的人,而是经过分析形成自己的观点。

那么，怎样才能让孩子愿意去思考，培养孩子的思考力呢？

我和女儿经常做的是，尽量用自己的话，把学到的知识讲出来，把课本的话变成自己的话。这就是一个培养独立思考的过程。每次女儿回来，我们都尽可能地利用碎片时间进行沟通，有时是一道数学题，有时是一篇文章，又或者是在学校发生的事情。

此外，还要在做一定量习题的基础上，对题目进行整理归类，多思考考点在哪里？采分点在哪里？

女儿在高中的时候，有一次数学考试，最后的一道大题得了满分12分，她的解题方法被当作范例进行讲解。她的答案仅仅是简单的三条，并没有写很多内容，恰恰就是答在了采分点上。而有的同学，写了很多，满满一大篇只得了几分。

可见，在学习过程中培养思考能力多么重要。有的同学不擅于思考，只知道闷头学习，劳心又劳力，却收效甚微，这就是典型的学习方法有问题。

会思考，还能锻炼发散思维、逆向思维，有时候遇到问题，正向思维解决不了，可以试试逆向思考，也就是"反过来想想"，这个办法女儿也在用。不好的就摒弃，去粗取精。

思考时发挥想象力也很重要，一旦学会，其乐无穷，连你的生活都会过得十分精彩。每次我和女儿聊天，或者背诵一篇文章时，也经常随心所欲，毫无边际地去发挥。

人的大脑是越用越灵活，不用才会呆滞。

像现在的媒体信息，每天都是轰炸式的。很多人不去分析、辨别，照单全收，结果每天都有海量的信息去看，非常耗时。

如果孩子的思考能力得到培养，那么无异于父母为孩子安上了进步的发动机，为孩子提供持久的动力。

增强孩子记忆力只需六步

生活中，每个人都想拥有过目不忘的本领，希望只用眼睛扫一遍，就能立刻记住所有信息。或者希望拥有神奇的特异功能，大脑中储存的信息，可以像电脑一样随时提取。

可是想象很丰满，现实很骨感。也许在未来，随着科技的发展，我们人类会拥有这样的技能。但目前，我们人类还做不到。

如今在现实中，有的人记忆力特别好，记东西又快又扎实，而有的人记东西就又慢又容易遗忘。

大家是否有过这样的经历？在学校里，有的同学并不是特别努力刻苦，下课铃声一响，就出去玩，平时也没见怎么做题，但是门门功课都很好，考试成绩也一直领先。而有的同学，在学校很努力，课后也很刻苦，但是学习就是不见成效，成绩一直得不到提高。

其实这些都与记忆的方法和科学用脑有关，好的记忆方法能让学习变得更加有效率，达到事半功倍的效果。

这里，我分享一下女儿小时候的记忆方法。

第一步，想拥有好的记忆力，前提是科学用脑

大脑的重量虽然只占身体重量的2%左右，不足1.5千克。消耗的能量却占整个身体的1/8到1/6，需要的氧气量占整个身体的25%左右。

糖类、脂肪和蛋白质是大脑营养的主要来源，如果这些供应不足，大脑就会出现问题。

我们在思考问题的时候，偶尔会出现眼前发黑、头晕等情况，这就是由大脑缺氧或者血糖类物质供应不足造成的。所以，一定要给予大脑充足的营养。

一位意大利的科学家说过："聪明的大脑，都是吃出来的。"

在一日三餐中，早餐至关重要。有些孩子早上不习惯吃早餐，这样到了上午第三、四节课的时候，就会出现饥饿感，反应迟钝、思维能力下降、学不下去，即使勉强听课学习,效率也不高了。

第二步,多吃补脑的食物

比如豆类、鱼类、蛋黄、鸡肉和牛肉等。

第三步,学会交替用脑

很多科学的研究表明,大脑的不同部位会交替工作和休息。在做一门功课时,往往是一部分脑细胞在工作,另一部分在休息。所以,学习要注意劳逸结合,适当休息。

女儿采用的方法是理科类学习和文科类学习交替进行。当她感觉大脑疲惫时,就听一首喜欢的歌曲。如果时间足够的话,她还会在室内伸伸胳膊,蹬蹬腿儿。这样做既防止了大脑过分疲劳,还能调节其他脑细胞,在一定时间内保持精力充沛。

第四步,记忆的前提是观察

一定要多锻炼孩子的观察能力,这样才能提高孩子的记忆力。

女儿小时候,我和她经常做一个游戏——找不同。

两幅相同的图画,只有几处微小的差别,尽量在短时间内找出不一样的地方。这是女儿非常愿意玩的游戏,她每次都能很快找到。而且在我们两个比赛的时候,她总能比我更快找到。这个游戏让她很开心,每次我们都乐在其中。

有时,我们也会玩记扑克牌的游戏,游戏玩法是抽出十张,先记住,然后从这十张中,找三张藏起来,让对方说出少了哪几张。这些小游戏都非常简单,但效果非常大。

第五步,根据学习内容不同,采取不同的记忆方法

学习英语,女儿采用的单词记忆法是多读文章,在文章中熟悉和记忆单词。所谓熟能生巧,在文章中看到的生词次数多了,也就慢慢记住了。而且还能了解这个单词在什么情况下应用,这样比单独记单词效果要好。

学习语文,在记忆古诗词时,女儿采用的就是首位衔接法。比如一首诗上一句的最后一个字,和下一句的第一个字,能不能组成好玩有趣的词语,方便记忆。

还可以采用联想记忆法,当背诵一首古诗时,脑海里就想象诗中出现的画面。有时是一句话联想一个画面,有时是整首诗联想一个画面。

这些都是非常好的记忆方法,而且运用这些方法记忆的东西,不会轻易忘记,会形成终身记忆。

学习理科，在记忆理科时，女儿多数会采取记住例题和错题的方法，记住公式在题中是怎样运用的。题型不同，运用的方法也不同，活学活用，这样不仅记住了公式，而且还能清晰地了解公式运用的范围。

万变不离其宗，只要记牢公式，把各类题型弄清楚，理科也是最容易提分和进步的学科。

第六步，了解科学记忆曲线

德国心理学家艾宾浩斯，在1885年研究出一条保持曲线和遗忘曲线。经过试验表明，人在记忆东西时，1小时内能记住40%左右，1天之后只能记住33%左右，到第6天记忆内容就会下降到25%。

所以，人们遗忘东西是有规律的，根据这些规律，及时复习要记忆的内容，不要等到忘记之后再进行复习。

工欲善其事，必先利其器，想要记得快、记得牢、学得好，就一定要多思考、多总结，找到适合自己的记忆方法。一旦掌握了这些记忆方法，学习就会变得既轻松又容易。

读书，为孩子打开一扇门

前几天，我看了一本介绍世界名人的书籍，里面有在不同领域取得非凡成绩的人。有微软的创始人比尔·盖茨，有投资领域神话般的人物沃伦·巴菲特，有美国前总统奥巴马，还有中国的诺贝尔文学奖获得者莫言等，他们有一个共同的爱好——读书。

他们每天无论工作有多忙、多累，都会安排固定的时间去读书。沃伦·巴菲特如今已经是一位80多岁的古稀老人，但每天仍会花大量时间去阅读。他的办公室没有电脑，没有智能手机，只有身后书架上的书籍以及一桌子的新闻报纸。而他每天最享受的时光就是坐在那里静静地阅读和学习。

巴菲特的合伙人查理·芒格说过："我这辈子遇到的

来自各行各业的聪明人，没有一个不是每天阅读的——没有，一个都没有。而沃伦读书之多，可能会让你感到吃惊，他是一本长了两条腿的书"。

取得过人成就的人，一定是一个热爱读书的人。

通过读书，你可以和更优秀的人交流对话。尤其是当你读一本好书的时候，就好像与作者倾心交流。他的专业知识、丰富的人生经验、励志故事、人生观和价值观会在潜移默化中影响正在阅读的你。

读书，是我们用最低的成本，获取知识、提高眼界和建立人格的最佳途径，因此培养儿童良好的阅读习惯至关重要。

因为读书，不仅能让儿童掌握丰富的知识，还能发展儿童的思维技能。书本能为孩子打开一扇通往世界的门。

有的家长会说："我也经常告诉孩子要看书，可是怎么说都不听，孩子看不进去，让他坐一会儿都难，怎么能让他们老实地看书呢？"

其实，培养读书习惯也是有方法的，法国的数学家、哲学家笛卡尔说过："最有价值的知识是关于方法的知识。"所以，凡事都有方法，如果没有达到想要的结果，一定是方法出了问题。

为了培养女儿的读书习惯，我也采取了一些方法，这些方法很有效果。女儿小时候，我就有意识地培养她的读书习惯，平时带她去得最多的地方就是书店。

先不管女儿认识多少字，最重要的是让她感受书店里的氛围。为什么这里每个人都捧着一本书认真地看，书里有什么精彩、好玩的内容，吸引着大家？女儿也很快被吸引，想找一本书看。当然，在孩子选书的过程中，家长要做到心中有数，给予相应的指导。

睡前讲故事也是培养孩子读书习惯的一种方法。

每天在睡觉前，我都会绘声绘色地给女儿讲一个精彩的故事。

我讲的时候，并不是完全照着书念，而是穿插着问题讲，先挑比较容易回答的，再过渡到有难度的。如果女儿答对了，我就会表情丰富地表扬。如果遇到难的问题，我就给女儿思考的时间，明天回答。

每天的睡觉时间是有规定的，到时间必须睡觉，如果长故事没讲完，我会留下一半，孩子想知道接下来的故事情节，明天可以自己看。这样慢慢地就培养了孩子读书认字的能力。

有一次，女儿问我："妈妈，我们为什么要读书？"

我说："因为读书能让我们变聪明，不读书头脑会慢慢地生病，让人越来越愚蠢。如果想要医治，最好的办法就是读书。读书能治疗愚蠢，读书越多的人，病治愈得越快，而且越来越聪明。"

这是我培养女儿读书习惯的一个小策略，没想到竟被女儿找到了佐证。有一天，女儿拿着一本儿童故事让我看，并对我说："妈妈，你说的话，我找到证据了。"

我一边干活一边回答："什么证据？"

女儿拿着书指给我看，西汉的文学家刘向曾说："书犹如药业，善读之可以医愚。"我连忙对女儿说："你看，妈妈说得对吧！"

女儿用力地点头，非常相信我的话。

就这样，在不知不觉、潜移默化中，女儿热爱读书的好习惯就被培养起来了。

随着年龄的增长，女儿读书的数量和范围也在不断地变化，看待问题的角度更加多元，视野也更加开阔。有时候，因为一件事情或者一则电视新闻，我们也会开展小小的讨论,说出自己的观点,女儿每次都见解独到,让人眼前一亮。

读书不仅能让人学到知识,进步成长,更重要的是能让人心明眼亮。

有句谚语:"鸟欲高飞先振翅,人求上进必读书。"

我国宋代著名大诗人苏轼也说过:"腹有诗书气自华,读书万卷始通神。"

当你读了一本好书,就好像找到了一个志同道合的好朋友,再一次读这本好书,就像和你的好朋友重逢。

由于女儿读书多,因此她在写作文的时候,素材丰富,逻辑清晰,每次都能得到高分,文章多次被老师在课堂上当作范文点评,她还曾代表学校参加市里组织的作文比赛。这些成绩更加让女儿喜欢读书。

亲爱的家长们,在孩子小的时候,要尽可能地多陪伴孩子读书。爱读书的好习惯是让他一辈子都受用的财富。

高考填志愿，家长要管吗

高考成绩出来后，很多人感叹填报志愿甚至比高考还难。填好了，锦上添花；填不好，分数白考了。孩子没什么经验，家长该怎么给出合理建议呢？

我们经常会听到以下这些话。

"报个轻松又稳定的专业，比如师范类、医学院等。"

"听我的没错，我都是为了你好。"

"什么专业好找工作，就报哪个专业。"

"人家说金融行业好，人员的需求量比较大？"

这些话，与其说是引导，还不如说是误导。

我的女儿进入高三后，我接触到的许多妈妈就开始借来上一届的志愿书进行研究。她们将一个个城市进行对比和排除，但依然有很多疑虑：先看专业还是注重学校？要不要服从调剂？如果没考上自己心目中的学校，还可以选择哪些？

我也和那些妈妈一样，在女儿高三上学期就从同学家借来志愿书研究，不能让女儿输在报考这条线上。

可是拿到志愿书后我就犯头疼了，厚厚的几百页，这么多学校，似乎哪个都不错，我瞬间觉得自己的智商降为零。

清华大学、北京大学、浙江大学等一类院校，我深知女儿肯定考不上，其他学校的信息无从阅读又不能分辨。所以我放弃自己琢磨，主动求助于女儿的班主任王老师。

王老师非常了解女儿的性格和能力，经过王老师的分析后，我选择出几个一本院校和二本院校。我对这几个学校格外地关注和了解，但是我并没有和女儿说，而是静静地等待结果。

女儿的成绩出来后，超出一本线19分。我们全家对这个结果欣然接受，没有在分数问题上内耗，迅速转入志愿填报状态。

首先，我们梳理了一下女儿的优势。

女儿的优势有两个，一是对语言比较敏感，二是喜欢人际交往。

其次，我们积极寻求班主任的帮助。

我们希望找到既能学到专业知识，还能发挥女儿英语优势的院校。王老师就给我们推荐了位于苏州的西交利物浦大学和位于宁波的宁波诺丁汉大学。

我上网查阅了这两所学校，无论是办学理念、师资，还是就业情况等，我都特别满意。另外我还咨询了一个同事，她的儿子当时在宁波诺丁汉大学读大一。我还特意拨打了这两所院校的招生热线，去了解更多的资讯。

后来，我们初步确定高考志愿就报宁波诺丁汉大学和西交利物浦大学这两所学校。

最后，确认问题。

确定院校后，我们遇到一个问题：这两个院校的学费分别是8.8万元和6.6万元一年。女儿读完4年本科后，我们的积蓄基本花光，如果她本科毕业就结婚，那么她的嫁妆钱就没有了。

于是我就将自己的思虑告诉她："宝贝，这两所院校无论是教学模式、师资还是就业，都和我们渴望的非常一致。妈妈知道这是你心仪的学校,现在有一个问题……"

没等我说完,女儿就对我和她爸说:"爸爸妈妈,我知道你们想说什么。虽然这两所学校的学费很贵,花这么多钱上学我也觉得为难你们了,但你们就当是投资给我,支持我上这个大学,我去了一定好好学习,报答你们,结婚时我什么都不要。"

看着女儿近乎乞求的眼神,我和她爸都点了点头。

在填报志愿的路上我采用了外包的方式,借助专业人士来做此事。除了我们家长外,班主任是我们强有力的支持。

在孩子高考填志愿这件事上,家长最好不要一个人闷头去做,要借助专业人员把志愿填报好。

现在想来女儿当时高出一本19分就上了西交利物浦大学特别幸运,随着北方对该院校的认可,该大学在全国的录取分数和学费逐年提高,这和学校正确育人的理念分不开。正是这所学校开放的环境,"让孩子做自己"的培养理念让女儿在四年的时间里不断地发挥优势,超越自我,越来越自信,才有了现在这个结果。

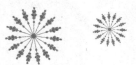

第五章

孩子越有教养就会越懂事

孩子的培养不仅仅是学习上的培养，更重要的是素质的培养。

很多父母总是抱怨自己的孩子不懂事，反过来想一想，父母有好好地教导过孩子吗？

越有教养的孩子，越懂事。如果父母在日常生活时刻提醒孩子注意自己的言行，那么无论是在家里还是在外面，孩子都能做到有礼貌，讨人喜欢。

好习惯成就孩子一生

01

"性格决定命运,习惯成就一生。"这话说得一点儿都不错,所有优秀的人,一定具备了很多优良的习惯,这些习惯让他们在日后成了人生赢家。

如果一个人从一开始就养成好的习惯,那么以后他做任何事情都是非常轻松和愉快的,只有那些不断地改正习惯的人才感觉到痛苦和压力。如果孩子在生活中养成一些优秀的习惯,那么这些习惯会成为未来的助力。

所以,从小让孩子养成良好的习惯,是一件至关重要的事情,因为这关乎孩子的未来。

中国有句古话是"三岁看大,七岁看老",说的也是这个道理。

意大利著名教育家蒙台梭利也说过:"人生的前3年胜过以后发展的各个阶段,胜过3岁直到死亡的总和。"可见从小养成好习惯对孩子未来人生的重要性。

父母是孩子行为的模板,在这个关键时期,父母不仅要关注孩子的行为,还要注意自己的一言一行。

"没有规矩,不成方圆"这句话同样适用于家庭。家里也是需要讲规矩的地方,在我们家里,就有这样一条规矩:无论家庭成员谁拿东西,使用完毕后,一定要放回原位,家里的每一位成员都要遵守。正是因为有了这条规矩,家里每个人的物品都摆放整齐、整理有序,不会随便乱扔乱放。

女儿也养成了爱干净的好习惯,脱下来的衣物会放到自己的衣柜里,鞋子会放到玄关的鞋柜处,摆放整齐。书籍也会在看完之后,放回原处。

02

刚开始时,女儿还很小,并不能独立完成,也不知道如何去做,我就和她一起做。

每当我和女儿一起看完一本书之后，我就会和女儿说："宝贝，这本书的故事讲完了。现在我们要换一本了，我们一起把它放回去好吗？让它重新回到它的小伙伴们中间，如果回不去，伙伴们该有多着急啊，它们会想念它的，就像妈妈想念你一样。"

女儿听我这么一说，立刻很配合地就把书放回到书架上。

当然，因为女儿还很小，我就为她准备了一个非常矮的书架，让她自己独立就能够得到。

这样，经过几次示范，女儿很快就知道如何去做。等到她大一些的时候，我还教会她如何将书进行标签整理，如何归类。这样在以后需要的时候很容易就能找到它。

女儿的玩具也是一样，每次都是自己能够放回原处。现在很多家长为孩子越来越多的玩具而苦恼，因为实在是空间有限，放不下了。

我的朋友就经常抱怨："家里连下脚的地方都没了，全部是孩子的东西，环境太乱了，一回到家就闹心。"

其实，还是要让孩子养成将物品放回原处的好习惯，这样能避免家里因为玩具太多而造成环境杂乱。

当然，家长最好也不要给孩子买太多玩具，玩具太多，孩子也会出现选择困难症，在玩的过程中也就不容易专注了。

我在女儿小的时候，专门给她准备了一个很大的箩筐，让她把所有玩具都放到里面。

我不会一次给她太多的玩具，一周更换一次。这样，女儿在玩的过程中很容易就找到喜欢的玩具。定期更换的方式，也能让女儿保持对玩具的新鲜感。

03

因为家里每个成员都养成了整洁有序的好习惯，所以我们不会遇到要使用物品时找不到，像"无头苍蝇"到处乱翻的现象。

这样做，为我这个妈妈节省了很多宝贵的时间。如果家里的东西很凌乱，我就要耗费大量的时间去收拾整理。难得有休息时间，全部用在了做家务上，于我而言是一笔很大的损失。

节省下来的时间我可以做很多其他的事情，比如一家人出去活动，多陪孩子一起读书、一起做游戏，增加了大量的亲子时间。

我非常感谢我的婆婆，因为婆婆就是一个特别爱干净的人，做任何事情都非常有条理，整洁而有序。我们看着她，也会效仿她的做法，婆婆无形中就成了我们的榜样。榜样的力量是无穷的，所以，我的家里一直都保持清爽、干净有序。

一旦养成了这个习惯，无论在工作中还是在其他环境中，你都会让自己无时无刻不处在干净清爽、整洁有序的环境中。这样做也为工作带来了很大便利，而且每天都处在整洁有序的环境中，自己也能保持愉快的心情。心情好了，一切也都顺畅了！

孩子的第一任习惯老师就是爸爸妈妈，很多妈妈一开始的时候没有经验，或者在她的成长过程中没有人指导她，她自己也不知道，不重视，于是养成了坏习惯，后期也就很难改变了。

3～6岁是培养孩子行为习惯的最佳时期，家长需要多用点儿力，多费点儿心。很多家长认为孩子还小，不着急，等到长大了再指导也不迟，或者时间长了，孩子自己就知道了，结果错过了黄金时期。

培养孩子，就像养花一样，错过一季就是下一年了。

孩子的生理成长期不受控制，他们按照自然规律，不断地生长，但是行为习惯却不会随着时间推移而增长。

因此家长需要精心培养，否则就会养出很多"巨婴"。到那时，家长后悔莫及也无济于事。

孩子小时候，家长不付出，用空余时间去看电视、玩手机、打玩麻将……那么后期就会更操心。所以希望更多的妈妈认识到这一点，早付出，早收获。

抓住时间就是抓住胜利

01

前几天晚上下班的时候,我在小区的院子里遇到了邻居彤彤妈。彤彤妈是一位30出头的美丽女人,每次见到她,都是一副打扮得时尚精致的样子,性格也开朗,我很喜欢她。

这次,我看见她带着彤彤非常匆忙地走在前面,彤彤低着头在后面跟着,很不开心的样子。

我急忙上去打招呼:"彤彤宝贝,这是怎么了? 为什么撅着小嘴? 告诉阿姨,谁惹你不高兴了?"

彤彤只顾低头走路,还是撅着小嘴不说话。

彤彤妈说:"我刚才因为她写作业的事说了她几句,

就不高兴了。每天回来写作业，天天写到11点多，早上还赖床，起不来。为了她写作业的事，我可是伤透了脑筋。"

我说："彤彤才刚上小学二年级，怎么会有那么多作业？是作业留得太多了吗？"

彤彤妈说："不是作业留得多，是她太磨蹭。一会儿做这件事，一会儿做那件事，转眼又要吃晚饭了，吃完饭她还想看两眼动画片。看完了，作业还没写完，又开始写作业。每天都写到很晚，第二天还起不来，你说这可怎么办？唉，这孩子做事为什么就不像我？"

02

很多家长都会遇到这种情况，孩子放学回到家后，不立刻写作业。即使开始写了，也是磨磨蹭蹭。一会儿找找橡皮，一会儿摆弄下尺子，不愿意全身心投入，等到时间很晚了，才想起作业没写完，又开始贪黑写作业。第二天早上，孩子起不来，大脑昏昏沉沉，老师讲什么也没听进去，严重影响了白天的学习。

其实，这就是孩子没有时间观念，总觉得时间还早，可以先做其他事，等会儿再写作业也不迟，等到发现作业没写完已经很晚了，自己也困了，可又不得不写，否则明天老师会批评。还有的孩子，在放假的时候不抓紧写作业，认为假期还有很长时间，过几天再写也来得及，一天拖一天，最后拖到第二天要上学了，不得不贪黑写作业。做的过程中，自己写了些什么都不知道，这样写作业，还能起到什么作用？

孩子的时间观念需要从小培养，好的时间观念，会成为孩子"隐形的翅膀"，助力孩子成长。不好的时间观念，或者是没有时间观念，则会导致孩子学习效率低下，无法取得好成绩，甚至孩子长大了，也会影响自己的人生规划。

时间，是我们每个人最宝贵的财富，谁抓住了时间，谁就抓住了胜利。

良好的时间观念与孩子的健康成长是密不可分的，有一位时间管理专家曾说过："时间是个看不见、摸不着的概念，很难通过解释说明的方式，让孩子了解它的真正意义。"因此，家长应该通过培养孩子有规律地生活，将时间观念以非常自然的方式融入日常生活中，让吃饭、睡觉、学习都变成培养时间观念的一个环节。

03

女儿在很小的时候，我就很注意培养她的时间观念。我告诉女儿，我们的身边有一个神秘的魔法师——他的名字叫"时间"。如果我们把每件事情做得又快又好，神秘的魔法师就会给我们礼物。但是礼物要靠我们的智慧去找，我们要做"寻宝人"。

其实，我就是那个送礼物的神秘魔法师。每次我都会提前准备好小礼物，放在家里不容易发现的地方。当女儿很快做好一件事的时候，我就和她一起寻找我们的宝贝。

每次女儿为了得到喜欢的宝贝，都会争分夺秒快速地去做事，即使有时候完成得不是很好，我也会引导她，用什么方法会做得更好。

女儿非常喜欢寻宝游戏，寻宝的游戏，不仅提高了女儿做事的效率，还调动起了女儿的好奇心和荣誉感。她会思考礼物在哪里？自己该如何找到礼物？

有时候我还会加入简单的指引环节，让女儿按照指示一步一步地去寻找。这样不仅锻炼了孩子的好奇心，还锻炼了她的思考能力。同时，女儿通过自己的努力找到礼物，会格外得高兴，对待礼物也更加珍惜，真是一举两得。

等到女儿又长大了一些，我就教她做事情怎样分清主次、轻重缓急，如何充分利用课余时间。

小时候养成的良好的时间观念，为女儿后期的学习带来了很大的优势。即使在初中、高中作业量很大的情况下，她也能很快地完成当天任务，从来没有拖延，很少有学习到深夜的情况。这样既保证了女儿的睡眠时间，又让女儿在第二天的学习中保持饱满的精神状态。

在孩子很小的时候，就及时培养他的时间观念，对孩子未来成长至关重要。这也是家长在孩子小的时候送给孩子最好的神秘礼物，希望家长们，都是那个送礼物的"神秘魔法师"。

纵容孩子等于害了孩子

01

中国有句老话说得好：惯子如杀子，目前，中国有很多的独生子女家庭，四个老人围着一个孩子转。现在独生子女又都有了自己的孩子，那就是六个大人围着一个孩子转。导致孩子非常娇惯，没有约束。

大人们认为只要孩子学习成绩好，其他都不重要。这样教育出的孩子既没有家教，也不懂得感恩，未来一定会尝到苦果。人无远虑必有近忧，家长要从这些小事情着手，才能教育出有教养、懂礼貌的孩子。

前一段时间，我陪一位朋友去医院看病，在医院交款挂号的窗口处，很多人在排着长队。人特别多，其中就有一位带孩子的男家长。虽然他自己站在队伍里，但是他的孩子却在人群里窜来窜去。男孩七八岁的样子，刚开始大家一看是小孩子也就没说什么。

只是孩子在这么多人的区域内来回跑，十分不安全。这时有位阿姨说："带好孩子，万一谁不小心把孩子碰到了怎么办？"

这位男家长就冲着孩子说："快过来，别到处乱跑。"

小孩乖乖听话不到两分钟，又待不住了，直接跑到挂号窗口处，上面摆了很多医院的挂号手册，小孩子拿起一册，回头看了看家长，似乎是在询问可不可以拿。

男家长就对着男孩说："对，就拿那个玩吧。"

孩子一听，放心大胆地玩起来。先是一本接一本地画，然后用手去撕，撕完又往地上一扔，男孩的脚下全部是白色的碎纸屑。挂号窗口前摆放了20厘米左右厚的挂号手册，就这样被这个"撕纸小能手"撕光大半，可是这位家长连一句教育孩子的话都没有说。

可想而知，这位家长和这个孩子，在众人心里留下了多坏的印象。

02

前一段时间，有这样一条新闻：英雄纪念馆门前有一处用白色鹅卵石铺设的水系，水系距离地面高度大约15厘米，很多去参观纪念馆的小朋友就爱站在水系里玩闹，有的还直接在纪念馆的墙上乱写乱画。可是照顾孩子的家长们只站在一旁玩手机，任由孩子在上面乱涂乱画。这样的行为也被视频监控录下来，进行了新闻曝光。

其实，这还真不能怪孩子，孩子本身是不懂规则的，这个时候就体现了家教的重要性。家长应该告诉孩子这么做是不对的，是不文明的表现。我们是来缅怀英雄的，英雄用生命换来我们现在美好的幸福生活，我们对待英雄要有敬畏之心、崇敬之心。

家长要让孩子从小知道是非对错，这些都会在孩子心里变成种子，生根发芽，形成他们的世界观，让他们长大后成为一个有教养的人。

我很注重对女儿教养的培养，经常教育她在家要尊敬长辈，出去要有礼貌，公共场合要规范言行。教育是无处不在的，任何时候、任何地方，家长都可以引导和教育孩子，而且父母也要处处以身作则。

一直到现在，女儿很多事情都做得很好，在这次暑假回国之后,在有些习以为常的小事上,我还要接受她的教育。

我家的"丁"字路口处,原来是没有红绿灯的,后期由于车辆太多,总是造成堵车现象,行人过马路也不安全,因此这里就安装了红绿灯,但是没有视频监控。有时候大家见没有行人过马路,左转的时候就提前闯红灯了。

有一次,我开车带女儿滑冰回来,看没有行人,还要等40秒的红灯,就想闯红灯。结果被女儿教育了一通,女儿说:"妈妈你不应该闯红灯,不管有没有监控约束我们,我们都要懂规则,有遵守交通规则的意识。你现在这样做,怎么给我做好榜样?"

我当时真的没想到女儿会跟我说那样一段话,因为从小都是我教育她,告诉她应该怎样做,没想到现在她变成了我的老师。我当时被女儿教育得哑口无言,于是打消了闯红灯的念头。我既感到欣慰,又为自己的行为感到羞愧。

孩子就是父母的影子,从孩子身上会反映出父母的样子,所谓"上梁不正下梁歪"说的就是这个道理。孩子的培养不仅是学习上的培养,更重要的是素质培养,那么家长是不是应该先教孩子如何做一个文明人?

孩子需要学会承担责任

01

家长的职责是帮助孩子成长，而不是拔苗助长。可是很多中国家长却在孩子成长的过程中，模糊了自己的身份，完全承担起了佣人、保姆的职责。

让孩子学会承担责任，自己的事情自己做，是需要家长学习的重要一课。现在大家都说，要让孩子赢在起跑线上，但是，如果孩子连自己的事情都做不好，即使孩子长大了，也是一个没有责任心、没有担当的人。

暑假的时候我们一家去旅行，在途中遇到了来自加拿大的一家三口，爸爸妈妈带着8岁的女儿。女儿很大方，性格热情而开朗。孩子身上一直背着一个大大的旅行包，感觉有四五千克重。

一路上，父母完全没有帮助女儿的意思，我询问女孩是否需要帮助，女孩却微笑着用不太流利的汉语说："我自己可以的，谢谢！"

　　这件事，让我想到了我们小区的家长，每天都会看见他们早晚接送孩子的身影，每一次都是家长把书包背在身上，孩子自己悠闲地走路，一副轻松的模样。

　　背书包这件事，确实要根据具体情况来决定要不要帮孩子背。如果在孩子自己有能力的情况下，就尽量让孩子自己来。也许家长觉得，孩子还很小，正在长身体，书包太沉了，尽量不让孩子去背，这样既减轻了孩子的负担，还能节省时间，加快孩子的走路速度。

　　但是，这种越俎代庖的做法，会让孩子在思想意识里形成"背书包不是我的事情，和我没有关系"的观念。虽然只是一件小事情，但背后的影响是负面的。很多时候，孩子责任心不强，并不是孩子的问题，而是家长的观念和意识有待提高。

　　不要剥夺孩子在成长中锻炼自己的机会，从小帮助孩子树立"自己的事情自己做"的观念，是做家长的重要责任。

02

女儿小时候，只要是在能力范围内的事情，我都让她尽量自己完成。这么做，既锻炼了女儿的责任感，同时也让她知道，爸爸妈妈没有义务去替她完成，这是她自己的事情，要自己动脑筋、想办法解决，而不是养成遇到事情依赖别人的毛病。

我会告诉女儿："如果你是一个有责任感的人，就自己整理书包、整理书籍、玩具、收拾衣服、被褥。如果有人帮助你做了这些事，你也要说一声谢谢。"

这就是孩子学习的过程。如果孩子一遇到什么事，家长就大包大揽，让孩子错过学习体验的机会，感受不到辛苦付出之后的快乐，也是一种遗憾。

女儿6岁时，爷爷带着她一起去秦皇岛过暑假。爷爷要去会见海军老战友，晚上住在部队的招待所里，白天大家玩得很累了，晚上就早早休息。

晚上十一二点的时候，爷爷发现室内有声音，打开灯一看，原来是女儿借窗户下射进的月光，正在收拾自己的行李箱。

爷爷问："孙女，不睡觉，干什么呢？"

女儿回答："妈妈说自己的事情自己做，我的衣服还没收拾好，我要叠好。"这件事，直到现在，还经常被我们当成趣事提起。

现在有很多大学生，从家里出发去学校时，行李箱里装的全部是好吃的。放假回来，打开行李箱一看，全部是未洗的脏衣服、袜子、被褥。如果想让你的孩子未来成为一个独立的人，那么，就要从小注重培养孩子的自理能力，让他学会自己的事情自己做。

怎样才能更好地培养孩子的自理能力呢？

一是父母要言传身教。孩子每天和父母在一起的时间最长，会有意无意地模仿家长的行为，家长自己首先就要打理好自己的个人卫生，养成保持房间整洁有序的好习惯。

二是遇到事情，让孩子自己去完成，家长不要在任何事情上都代替包办，这样只会让孩子变得没有责任心，越学越懒。

三是在孩子没有做好的情况下，不要轻易去评价，多提供建议和方法，多给予支持和鼓励。在孩子做好时，及时给予肯定和表扬，让孩子体会到成功的喜悦，在成长路上更加坚定和自信。

嫉妒心理容易毁掉孩子

01

心理健康在一个人的成长过程中非常重要。如果一个人心理有问题，无论他的技能水平有多高，在社会这个大家庭中，也不会被人接纳。

作为家长，我们无法左右社会大环境，但是我们能掌控家庭小环境的氛围。

女儿小学四年级之前，成绩在班里处于中上游水平。每当别的同学分数超过她时，到家后她偶尔也会发一些牢骚。平时我也没有放在心上，毕竟，家里是一个放松的地方，偶尔说点儿牢骚话也很正常。

可是，三年级下学期的期中考试，女儿拿着成绩单回家后,她特别沮丧,还说了许多考了第一名的同学珊珊的坏话。

通过这件事,我看见了孩子身上6个方面问题。

(1)嫉妒别人。

(2)不能由衷地赞美别人。

(3)不能正确地对待自己的弱点和不足。

(4)不能正确地看待别人的优点和长处。

(5)和同学关系紧张,将来可能会成为不受欢迎的人。

(6)心里孤独、痛苦。

在那个时候,我通过女儿漂亮的外表,看见了她心灵上的那个污点:她产生了嫉妒心理。这份嫉妒,如果任它生长,不及时为孩子做心理疏导,孩子就会为了提升自己的存在价值,而去贬低别人的价值。如果别人贬低她,她可能会变得心怀恶意,甚至可能心存报复。

02

那晚临睡前,女儿像往常一样坐在我的怀里。我们说完了其他的事情,我漫不经心地和女儿说:"今天妈妈给奶奶打了电话,你还记得奶奶家旁边村的那个疯小孩吗?"

女儿回答:"我记得,有人说她在疯之前长得特别漂亮,可是现在一点儿也看不出原来的样子了。"

我说:"是的,可是你知道她是怎么疯的吗?"

女儿摇了摇头。

我继续说道:"之前她是一个又漂亮又聪明的女孩子,可是她就是见不得别人比她好。别人考试比她考得好,拔草拔得比她多,她就特别生气。她越是在意自己的成绩,成绩就考得越糟。终于有一次,她考了全班倒数第5名,学校老师训了她,回到家她爸妈也说她不好好学。慢慢地大家觉得她越来越不对劲,最后就变成了现在这个样子。"

女儿小声地说了一句:"太可惜了!"

我接着说:"其实,妈妈也遇到过一次这样的情况。"

"是吗?怎么回事?"听我这样说,女儿来了兴趣。

我就说起了自己小时候的事。

以前,我在老家读书,当时村里有一个男同学姓马,每次考试他总比我考得好,我的心里特别不舒服,还会嫉妒他,有时甚至会暗暗的咒骂他,希望他下次考倒数第一。

直到有一天,我去张奶奶家玩时,彻底受到了刺激。那天我到张奶奶家找比我大一岁的小妮姑姑玩,当我快进入里屋时,听到了张奶奶和那个马同学的对话。

张奶奶问马同学:"你认识的人里面,你最佩服谁?"

马同学说:"我最佩服的就是我们村的张爱红。"

听到这里我特别好奇,因为那时候我的成绩在班里并不是第一。

张奶奶继续问马同学:"你佩服她什么地方?"

"张爱红特别能吃苦,家里所有的农活,挑水、种地、喂猪、砍草等都是她在做。即使这么累,她也从来不抱怨。没有自行车,天天来回八里地,她每天必须走四趟,非常有毅力,课堂上能够认真听讲,从来不张扬,而且她还很善良。"

从马同学的嘴里听到我这么多的优点,我一下子愣在了那里。后来他们还在讲什么,我没有听,我悄悄地溜走了。那一刻我觉得,自己肮脏的心好像被一束阳光照了一下。

和马同学一比，我觉得自己太小心眼儿了。我在背地里那样咒骂他，他居然说了我那么多的优点，那一刻我看到了自己和马同学的差距，马同学的那些话净化了我的心灵。

03

听我说完这个故事，女儿抬头看看我说："妈妈，有时我也是这么想的，珊珊考试每次都考第一，我考不过她，我就希望她下次考全班倒数第一，我要考全班第一。"

每当女儿和我表达她的真实想法后，我的态度是最关键的。

我用力抱了抱女儿说："宝贝你知道吗？这种心理很正常，因为我们每个人都希望自己做得更好，希望自己了不起，希望自己有成就感。妈妈之前不也有过吗？但是，长此以往是不可以的，会给我们未来的生活和工作带来很大的危害。"

我心平气和地和女儿讨论这个问题，女儿甚至还向我举例子，她除了嫉妒珊珊以外，还嫉妒班里其他做得比她好的同学。

我说:"己所不欲,勿施于人,宝贝你还记得它的意思吗?如果你是考第一的那个同学,你希望别的同学这样咒你吗?所以我们要学会换位思考,我们要由衷地为别人高兴,通过别人的成绩,看到自己的差距,然后努力提升自己。我们不可能在每个方面都超过别人,这个世界上没有完美的人。"

接下来,我又安抚女儿道:"之前你不知道,所以才会这么想,从今往后你知道了这个道理,我们就由衷地去赞美别人,去祝福别人,去学习别人的长处。在一个人身上学到一点,我们就会变得越来越强大,就会变得越来越优秀。如果一味地去嫉妒别人,会让自己特别难受,而且会导致自己没有好朋友,和别人的关系变得紧张,最后变得孤独寂寞。"

因为我一直在心平气和地和女儿说,所以她能够很平静地接受。谈妥此事后,女儿进入了甜美的梦乡。

04

在女儿的成长过程中,免不了会有几次类似的情况。每当此时,我总是心平气和地指出她的问题。在良好的亲子关系下,我总是用自己经历的故事、身边的案例来导她,让女儿觉得自己是一个正常人,不是一个怪物。

我经常和她说:"你今天处于什么样的位置其实没那么重要,重要的是在未来的几年里,你会用什么样的方式去努力提高自己,最终达到一个什么样的位置。"

我甚至还让女儿当我成长的见证人,我们约定,她再看到我哪些方面做得不好时,也给我指出来。

通过这件事,女儿知道了每个人在成长过程中都会犯错。所以,女儿从来不怕犯错,知道犯错后能够正确对待,迅速找到解决问题的方法,而不是抱怨。

记得那时我经常说的一句话是:"李子很甜,但是这个世界上还有对李子过敏的人。"

我就是这样心平气和地去接纳她,陪她一起成长,通过沟通和鼓励,不断地让女儿打磨身上的缺点,让她成为一个有教养的人。

家庭教育无小事,教育孩子要有耐心,要等待孩子成长。父母一定要做好榜样,教育孩子欣赏别人的优点,向别人学习。同时,发现自己的优点,学会承担责任,做事考虑后果,懂得为自己的行为负责,让孩子在爱和理解中自由成长。

懂礼貌的孩子才受欢迎

01

有一天晚上，我和朋友一起去吃饭，邻座是一位带着两个孩子的妈妈。大孩子是姐姐，小孩子是弟弟。

餐厅里灯光幽暗，音乐轻缓，还有好看又好吃的美食，非常惬意。来这里吃饭的人也大多安静，一边吃饭一边小声聊天。大家都沉浸在这温馨浪漫的美好里。

忽然，几声大喊打破了美好的氛围，是邻桌的小弟弟在大声喊叫，发出尖锐刺耳的声音，接着就开始大声地哭闹。我扭头一看，原来是姐姐在弟弟不注意的时候，拿了弟弟的玩具，弟弟不愿意给，就大声哭起来。

妈妈赶快协调，一边安慰弟弟说："不要紧，一会儿姐姐就还给你。"

可是弟弟不依不饶,依然大声喊叫。妈妈没辙,大声地训斥姐姐:"赶快还给你弟弟,你拿他的东西干什么?"

姐姐本来听见弟弟的哭声是要还给他的,但是因为妈妈的训斥,自尊心受到了伤害,就倔强起来,偏不给弟弟,举着玩具在餐厅里到处跑。妈妈示意我们帮着照看弟弟,她自己去追姐姐,追到后更大声地训斥:"你非要拿他的玩具干什么?惹得弟弟使劲哭,赶快给他。"

姐姐被妈妈拽回来,极不情愿地把玩具还给弟弟。

本来以为事情已经平息,我们可以好好吃饭了,没想到,几分钟之后,姐姐和弟弟和好如初,带着弟弟满餐厅地来回跑。妈妈只是简单嘱咐几句:"带着弟弟小心点,别磕着。"就自顾自地吃饭。

这种情境下,我和朋友实在吃不下去了,准备离开。这时候,隔桌吃饭的先生坐不住了,来到妈妈面前说:"这位女士,你能管教一下你的孩子吗?这里是吃饭的地方,不是小孩子玩耍吵闹的地方。再说,这里也不安全,万一磕着碰着怎么办?"

吃饭的妈妈抬起头,看了一眼这位先生,很不满地说:

"这里是公共场所,又不是你家,哪里规定孩子不能玩耍了,碍着你什么事?"

我和朋友听了,真的傻了眼,对视了一下,竟然无语了。先生一听这位妈妈竟然这样说,两人就你一句我一句地吵了起来。

我和朋友觉得这饭真的吃不下去了,赶快离开。朋友边走边说:"难怪孩子被妈妈教育成这样,真是有其母必有其子。还是应验了那句:天下没有不好的孩子,只有不会管教的父母。"

02

家长们应该考虑,是否要把对孩子的礼仪教育提到日程?

礼仪修养是人生的必修课,家长应该让孩子从小懂得如何待人接物。比如对人要有礼貌,和人打招呼要用称谓而不要直呼其名,在公共场所要保持安静,时刻注意自己的言行,不要影响他人……

也许有的家长会说,现在是讲究个人自由的时代,要充分发挥自我,拥有个性,不要过多约束孩子,只要孩子未来学习好，有能力就行。我恰恰觉得这是目光短浅的行为。还有的家长认为，现在孩子还小，大道理听不懂，遇到什么事没必要小题大做，以后孩子长大了自然就知道了。可是，一旦孩子养成了坏习惯，就很难去改变。小的时候不教育，孩子会在长大后的某一天变了样子出现在你面前。

越是文明社会，自由度高的社会，对人的文明礼仪要求也就越高。因为这是社会进步的重要标志，不懂礼仪的人不会走得太远。

我经常听到有些家长说："你看别人家的孩子是怎么教育的，怎么就那么好呢？"

家长是否应该想一想，你就是孩子最好的榜样，你是什么样的，你的孩子就是什么样的。孩子从小和你一起长大，每天听到的、看到的都是你的样子，就好像电脑的复制粘贴。

如果想让孩子变得更好，自己就要做孩子的榜样。而且要用恰当的语言去说，而不是尖刻的指责，或者用悲观的语言去打压孩子，这对教育没有任何帮助。

与孩子的对话，要了解他们喜欢的方式，孩子喜欢能接受的语言。在恰当的时机，而不是不分场合的批评、埋怨、没完没了的唠叨,这些都会让孩子产生厌烦的心理,伤害孩子的自尊心。这样做不仅起不到教育的作用,反而会适得其反,让孩子产生反抗的情绪。

最好的教育是让孩子心悦诚服,而不是口服心不服。

每一位家长都要在心里时刻牢记,你已经是爸爸妈妈了,你的言行都是孩子的模板,会给孩子起到示范的作用。好的示范能让孩子谦谦有礼,未来到哪里都受欢迎。不好的示范,会让孩子越来越惹人讨厌,朋友会越来越少,道路越来越窄。

03

我的女儿从小到大,一直都是一个懂礼貌的文明人,走到哪里都非常受欢迎。很小的时候,我就告诉女儿,小孩子要学会主动打招呼。女儿还很小,我就示范给她看,遇到熟人,我就主动上前打招呼,然后告诉女儿称呼,让她也打招呼。

还有其他文明行为,比如在公共场合要保持安静,不能影响别人;接打电话要学会使用文明用语;出去和朋友吃饭,或者去朋友家做客,要保持仪表整洁;在主人家里,不经主人同意，不随意翻动主人家里的东西；吃饭用餐，不要发出大的响声，不要先抢座位……

这些简单的生活礼仪，让女儿成为到哪里都受欢迎的人，有很多的好朋友。俗话"伸手不打笑脸人"就从侧面反映出懂得礼仪的好处，也提升了个人形象。

第六章

五个妙招让孩子变得更好

第一个妙招是培养孩子的自制力；
第二个妙招是父母与时俱进，成为孩
子的榜样；第三个妙招是塑造孩子高
尚品格；第四个妙招家长要严格要求
自己，成为优秀的人；第五个妙招，教
孩子控制自己的情绪。

有自制力的孩子更出色

01

周末去商场，我在卖儿童玩具的地方，看见一位年轻漂亮的妈妈，正蹲在一个四五岁的女孩身边，和女孩说话，好像一直在做孩子的思想工作。

原来是小女孩看到了一个喜欢的玩具，一定要买。玩具看起来价格不菲，妈妈并不想给孩子买。

于是妈妈不断地和孩子说："宝贝，家里的玩具已经够多了，和这个相似的玩具，你不是有一个吗？这个我们不要了，好吗？"

孩子不肯听妈妈的话，不买就不走，接着开始耍赖，哭闹起来了。年轻妈妈很头疼，来来往往的行人都在看着，让妈妈很不好意思，讲道理无效，妈妈便采取了强硬手段，大声地训斥了孩子，使劲地拽着孩子的胳膊，把孩子拉走了。

每一个家长带孩子逛商场的时候，经常会遇到这种情况。孩子想要玩具，不买就耍赖的毛病，让很多家长不知所措。

孩子这种行为不会毫无缘由地发生，幼儿在2岁左右，自我意识开始增强，看见喜欢的东西就想要，如果没达成愿望，就会用哭闹、发脾气的方式表达自己的需求。这些都是一定阶段的正常行为。

4岁以上的幼儿，已经能够听懂一些道理，也有了一定的自制能力。如果孩子在遇到问题时，总是发脾气，或者遇到事情总是用哭闹的方式去表达，就是小孩缺乏自制力的表现。

家长在教育孩子的方法上存在问题，让孩子养成了乱发脾气的不良习惯，孩子认为只要发脾气就能达到自己的目的。

02

通常情况下,孩子乱放脾气,自制力不好,无外乎三个原因。

第一,孩子想要的东西没有得到,需求没有被满足,所以乱发脾气。这就需要家长制定规则,让孩子知道发脾气、哭闹对事情毫无帮助,也得不到想要的东西。如果想得到需要的东西,要合理地表达诉求,可以通过讲道理的方式提出要求,这样,需求更容易得到满足。

第二,孩子受到了大家的忽视而乱发脾气。这种情况下,家长首先要学会安抚孩子,然后转移孩子的注意力,家长可以通过讲故事、做游戏等,分散孩子的精力,或者让他们在游戏中宣泄自己的情绪。但是家长一定要有耐心,千万不要大声训斥,更不能通过打骂的方式阻止孩子发脾气,否则,只会适得其反。

第三,孩子因为不被理解而乱发脾气。这种情况下,家长要用欣赏的态度去处理,可以和孩子耐心地聊聊天,了解孩子内心的真实想法,这就是对孩子最大的鼓励和支持。

孩子乱发脾气的行为并不是一次形成的,而是在以往的家庭教育中，错误行为没有得到纠正，而养成了坏习惯。由于家长的溺爱，孩子想要什么就能得到什么，得不到或者稍有不如意就会哭闹，家长为了防止孩子哭闹，不得已做出让步和迁就，满足了孩子。家长的这种处理方式，只会助长孩子的脾气。因此，家长一定要学会拒绝怎么孩子。

03

儿童自制力的培养，对未来成长至关重要。一个没有自制力的人，任何事情都不会做好。

那些长大以后违法乱纪，做坏事的人都是因为自制力不够好。

反之，那些优秀人士，都是具有极强自制力的人。

自制力并不是生来就有，而是在后天的成长环境中，随着认知发展和教育的影响不断形成和发展的。

女儿小时候，我非常注重对她自制力的培养。

女儿4岁时，我买了一袋她特别喜欢吃的巧克力糖，然后对女儿说："宝贝，这袋糖果一定要等到妈妈回来一起吃，不能独自打开吃。"

女儿欣然点头，但是她很想吃，总是跑过来用小手去摸糖袋，一边摸还一边和姥姥说："姥姥，这个红颜色的好吃，我要等妈妈一起吃这个。"

　　姥姥用眼神瞄着女儿，也附和着说："对，一定要等妈妈回来。"

　　听姥姥说，女儿隔几分钟就过来摸一次，就这样，一个上午，她摸了好多次糖袋，但是真的忍住没打开。

　　我回来后，女儿立刻跑到我跟前说："妈妈，我没有自己打开糖，我要等妈妈一起吃。"

　　我抱着女儿开心地表扬她："女儿太棒了，真是好孩子，妈妈奖励你一件小礼物。"

　　我拿出一本女儿喜欢的童话书送给她，然后我们一边吃巧克力糖一边看童话书。

　　这个小小的测试，也说明女儿在很小的时候就已经能够约束自己。

　　女儿小时候即使是在商场里遇到自己喜欢的玩具，也不会乱要。因为每次我们去之前都有约定，自己喜欢的东西要靠自己去争取，通过努力去得到，而不是通过哭闹的方式。

　　家里的东西，女儿也从来不乱拿乱放，从小到大一直保持着东西摆放有序。

　　她的作息有的时间也非常规律，晚上到时间必须睡觉，不能因为看动画片就延长睡觉时间。

　　这些生活上树立的小规矩，培养了女儿良好的自制能力，她做事不用任何人去督促，自己做事有规矩，能管控好自己。

　　亲爱的爸爸妈妈们，如果你也希望孩子未来更加优秀，那就尽力在孩子小的时候开始培养他的自制力。"三岁看大七岁看老"不正是这个道理吗？

　　通过约束行为习惯，培养孩子自我管控的能力，未来孩子才能对自己的人生负责。

父母要与孩子共同成长

01

很多家长都有这样的困扰，孩子进入青春期后开始不愿意和父母交流，亲密关系出现鸿沟，父母渐渐地听不懂孩子想表达什么，这时该怎么办？

不去理会，任其自由？向周围人抱怨，却不采取行动？限制孩子的业余时间，左右孩子的想法？这些都是错误的做法。

有一天，女儿突然发微信对我说："妈妈，谢谢你的引领和陪伴。要不是你领着我，我可能早就放弃了。每当没动力的时候，看到你还在不断地前进，我就对自己说不能停下来，要不断地去精进自己，所以就走到了现在。"

类似这样的话，女儿不止一次对我说过。我听了很欣慰，因为在我 50 年的生命里，虽然接受新东西的速度很慢，但是我一直在前行。

曾看到过一句话："你希望你的孩子成为什么样的人，你就去做什么样的人。未来，当他真正懂得的时候，他会对你有爱和尊敬。"

如今我做到了，我每天不断地提升自己，就是希望当女儿遇到困难和问题时，我能够给她正确的指引和方向，能够引导她去思考和选择。

我学习知识的速度较慢，但我很"较真"。一旦我决定要去做的事，就一定会强要求、高标准地执行到底。

比如在 20 世纪 90 年代初，我为了让自己快速地掌握电脑的应用，用项目教学法逼了自己一把，主动担当科研项目主持人。

我用了一年时间，熟练地掌握了 Office、二维动画、三维动画和 ANSWAR。

我作为一名高职院校的教师，从 2008 年到现在，除了 2017 年的寒假和 2018 年的暑假以外，从没休息过任何一个节假日。

　　我的课堂深受学生欢迎,我不但做好教学改革,提升教学质量,而且积极参与院系的新、大项目,并且我都担任副组长,出色地完成了项目任务。

　　我知道身体健康比什么都重要,于是坚持早上5点起来练习瑜伽,至今已经有8年了。

　　为了进一步提升认知力,我主动去啃《思考,快与慢》《穷查理宝典》等大智慧的书。

　　知道自己当众表达能力不够优秀,我就跑到上海去学演讲,到北京去学"好好说话"。

　　学习让我越来越精进,我在女儿眼里永远充满着新奇和成长,永远有吸引力。对于简书、幕布、讯飞语记、石墨、番茄钟等工具,我都是和她同步知道甚至比她知道得都早。

　　就是这样不断学习的我,一点点影响着她去学习和成长。

　　教育的本质就是一棵树摇动另一棵树,一朵云推动另一朵云,一个灵魂唤醒另一个灵魂。

02

女儿在法国读研究生两个多月后，她告诉我："妈妈，我和那些同学在一起时，感觉不舒服。"

我当即反问女儿："为什么？"

女儿说："他们只顾着自己说话，没有和我互动。"

我问："为什么你不主动加入谈话？"

女儿沉默了。

我和女儿说："宝贝，我们是不是太把自己当回事了？"

女儿马上说："妈妈，你说得太对了。我知道自己错在哪里了。"

后来，女儿和我说："谢谢妈妈，虽然你一语戳中了我的痛点，让我有点儿不舒服。但是，我知道这是我成长的必经之路。我记住了，永远不要太把自己当回事。"

这就是为什么我要一直逼着自己去学习的原因，唯有不断学习，与孩子共同成长，才能一眼看出孩子的问题，教她怎么去做。

不断学习就是维持父母子女长久亲密关系的纽带，

不要以年龄为借口而懒得去学。

任何时候我们都应该怀抱一颗"终身成长"的心。

你会发现，不仅自己变得更好，而且带动身边的人一起变好。

孩子的品格要从小塑造

01

生活中，有些大人聚在一起交流时，一不注意就会说一些其他人不好的话，传到孩子的耳中，导致他们也开始模仿。

发现孩子喜欢在背后说别人的坏话，家长们应该怎么办？

女儿念三年级时，有天晚上放学回来后，一进门就对我说："妈妈，玲玲太讨厌了，她不仅小气还很自私，我再也不想和她玩了。"

看着她一脸气愤的样子，我也模仿她，生气地对她说："罗娅真的太讨厌了，她不仅心胸狭隘还咄咄逼人，我再也不想和她玩了。"

此时女儿一愣，转而一脸不可思议地问："妈妈，你为什么要学我的样子这么说我？"

"听到我这样说，你心里舒服吗？"

"不舒服，有点儿难过。"

"那你在背后说别人，万一被别人听到了，对方也会像你这样难受，怎么办？"

她突然低下头，有些委屈地说："我问她借一块橡皮，她不借给我，这不是小气吗？"

"她为什么不借给你呢？"

"她说她的不太好用，她就是故意不想借给我。"

我笑了笑，对她说："你怎么知道玲玲就是故意不想借？万一人家的橡皮坏了呢？"

她想了想，大叫一声："对了，上次去操场上集训，她口袋的橡皮掉出来，被踩坏了还沾满了泥。"

"所以，你这样揣测别人对吗？"

她有些不好意思地摸了摸头，第二天便放下了心中的气愤，与玲玲一起玩了。

02

家长可能会害怕孩子形成随便说别人坏话的习惯，自己很焦虑，却不知道该怎么去引导和教育孩子，其实最关键的是家长有没有说过别人的坏话。

我认真地反思和回想，作为家长，我可能曾经埋怨过别人，从而对孩子造成了影响，于是这件事之后，我再也没有背着别人，表达自己心中的不满。

当孩子说别人坏话时，家长先让孩子表达感受，不要限制孩子的话语，也不要用否定的言论去批评孩子。

家长要教育孩子永远用一颗真诚的心去对待别人，这个过程中可能会有被别人误解的时候。如果对方真的把自己当朋友，误会迟早会解开，彼此会和好如初。如果他不理解，那就说明对方并没有把自己当朋友，早一些离开，也是一件好事。

只要孩子能够正确对待人与人之间的关系，说别人坏话的毛病，就会自然而然地改正。

育儿重在心法而非技法

01

近一个月，女儿从法国传来越来越多的好消息：她找到了心仪的公司实习；她在国际会议上担任翻译；老师和同学知道她要回国，主动联系她和她吃饭；女性社团的负责人不想让她离开法国，希望她能留下来一起工作……

女儿在学校的成绩让我意识到，她如今已经成为一个优秀的成年人。

许多人问我，是如何培养女儿的。其实，我用得最多的是育儿心法，而非技法。

在女儿的成长过程中，家庭给予了她足够的爱，让她感受到足够的安全感。她在我面前可以安心做自己，无论她怎么做,她都知道我能包容她,欣赏她。她在模仿我的同时,也在积极探索这个社会。我像园丁一样浇灌着她,而不是控制和教化她。

我认为育儿最主要的两个字是"关系"。

02

第一,我和女儿的关系。

我们是母女,也是朋友,更是闺密。

在与孩子沟通的过程中,我一直非常尊重孩子,把她当成一个个体,而不是我的私有财产,让孩子真正感受到接纳,感受到我的爱和对她的重视。

在我面前她有特别高的安全感,有我的这份爱在,她能够安心地做她自己。因为她知道她做错时我会告诉她,在我面前她根本无须启动防御系统。她认为我是她的朋友和闺密,她在放心地探索这个世界。

此谓"无招胜有招,润物细无声"。

家长和孩子的良好关系是家庭教育的基础。

27年的教师生涯让我看到,很多学生特别烦和家长沟通，离家近的学生不愿意回家，怕见到父母；有些学生家在外地，只要家长一来电话，学生马上意识到家长的说服又开始了。家长还未开口说话，孩子们已经开启了防御功能，产生抗拒，这样的沟通势必无效。

从某种意义上来说，家长已经在推开孩子。

第二，女儿和自己的关系。

现在她能够接纳自己的不完美，接纳自己做人做事的不到位之处。出现问题，她是第一时间反省自己，并且养成了反思的习惯，每天检视自己有哪些地方做得不到位，别人身上有哪些优点值得学习，从而努力提升自己。

她学会了向内探索自己的内心。

昨天她还在说："我有太多不完美的地方，比我优秀的人太多了，我必须好好努力。我的理财能力不行，阅读没有持续性，写作能力还有欠缺。但是，我不怕，就像小时候妈妈你说的，始终在前行，慢点又如何？"

第三，女儿和周围人的关系。

女儿和老师、同学的关系特别融洽，她的积极、阳光、感恩和利他习惯让她成了一个具有良好社会能力的人。

女儿在外人面前从来不会发脾气，遇到困难和问题她会第一时间想解决方案，想是不是自己的责任，永远着力于解决问题，而不是纠结细节。

所以，越来越多的同学让她帮忙出主意。和她接触过的人，都特别喜欢她。

第四，女儿和世界的关系。

在我的教学生涯中，对我影响最大的一本书是教育科学出版社出版的《学会关心——教育的另一种模式》。

这本书的观点是主张对学校教育进行彻底改革，学校必须充分重视学生发展的多样性，建立一个充满关怀而不是竞争的环境，对学生的各种兴趣和才能予以开发和培养。学校的主要目的是教育学生学会关心——关心自己，关心身边最亲近的人，关心动物、植物、自然环境和人类制造出来的所有物品。

以上观点我不仅用于教学中，也用在了育儿方面，所以女儿有一颗"大心"，能包容地看待认识的每一个人，看待世界。

03

如果你很可靠,知识丰富,充满自信,跟孩子的关系很亲密,孩子从你身上能得到安全感,他就愿意模仿你,信任你。如果你的一举一动都很有教养,心地善良,做事稳重,你的孩子也会是这样。

反过来说,如果你根本不读书,却逼孩子死记硬背,要求孩子每天读书,他就会认为你不可靠,你给他带来的都是困惑。

没有多少干预手段能够真正地对孩子的人生起到作用,但是家长跟孩子的关系,的确对孩子影响深远。

管理情绪才能掌控人生

01

情绪管理永远是教育孩子中的一大难题，道理谁都明白，可是，如果在具体的事件中，比如孩子无理取闹时，父母的情绪往往就会变得不受控制，所以才有那么多爱吼娃的妈妈。

那么，家长该如何管理情绪？

现实中的"吼妈""吼爸"有两个问题：一是妈妈本身没有大爱思维，没有长视思维，忘记对孩子要有耐心，所以容易动不动就吼孩子。二是不会采用一定的方法解决孩子的哭闹。

其实，吼孩子 解决不了问题，反而让孩子在你面前关闭心门，次数多了，孩子就什么话都不和你说了。

父母在教育过程中遇到的问题中，情绪最为关键。情绪是问题的钥匙，把情绪处理好就意味着问题已经解决了一半。

所以，每晚睡前我采用和女儿聊天的方式，掌握她思想的动态，与女儿及时沟通，消除一天的负面情绪。

孩子哭闹有两个原因，一是表达自己的需求，二是表明没有安全感。家长要灵活处理。

当孩子是表达自己的需求时，家长可以先和孩子讲道理。如果行不通，那就要坚决制止，零容忍。尤其是在孩子小的时候，经常会无理取闹，那么这时候你就需要有自己的底线。给孩子立规矩的时候，切记不能心慈手软。

稍大一点的孩子经常哭闹，或者做一些特殊的动作，目的是引起家长的注意，这实际上是孩子没有安全感的一种表现。孩子想和家长有更多的互动，但不会表达。家长只需要蹲下来静静地听孩子诉说，等他表达完之后，抱住他，和他说："宝贝，妈妈理解你。"

先去认同他，让他知道，他在你的心里是得到认可的，其实这个时候，问题已经解决了一半。

女儿高二、高三时的成绩，在班级上基本都是倒数。我对成绩看得很淡，因为我觉得当自己改变不了现状时，只能发自内心地接受。

我希望女儿考第一，但是她做不到时，我就接受了这样的事实。反过来说，我们自己都没有做到的事，凭什么让孩子去做那么多？

幸福是一种感受，是一种能力。我希望孩子不管将来从事什么职业，都能把睁开眼就看到蓝天白云当成一种幸福；把能够闻到花草的馨香当成一种幸福；把四肢健全当成一种幸福……当一个人拥有这种能力的时候，无论何时何地，都会感觉到幸福，而且这种能力会永远地传承下去。

02

女儿的成绩是全班倒数第一时，我真的不着急，从内心来说，我希望她身心健康就好。我从来没有把必须考什么样的学校，当作一个大的目标。孩子和我在一起时，她的内心是放松、开放的，是敢于探索这个世界的。

其实，孩子自身的期待和我对她的期待是一致的，我没有去控制她,从来都是让她做自己。在爱的滋养下,她变得越来越积极、阳光、快乐和包容。

在培养孩子的过程中,我特别强调陪伴。因为陪伴的过程,就是一个发现孩子情绪,处理孩子情绪,从而教孩子控制自己情绪的过程。

这能让孩子从一个纯感性者,到平衡感性与理性,最终走向理性。

家长在处理孩子情绪的过程中,要教会他辩证地去看待事物,不钻牛角尖,知道设身处地地为别人着想。

女儿5年级时,有一天她放学回到家里,我发现她有点闷闷不乐,但是她没有向我表达。当时我就在想,每一种情绪的背后,一定有一段故事。

于是我慢慢地和她聊天,最后了解到,下午的时候,她们5个人到一个同学家里去玩,那个同学住着三层楼的别墅,家里有两个保姆,院子里还停了一辆大车。说到这些的时候,女儿明显露出了羡慕的眼神。

当时我就问她:"是不是因为妈妈没给你提供那样的条件,你觉得妈妈不好?"

她犹豫了一下,点了点头。

　　首先，我告诉她，要是我去一个这样的同学家也觉得很不一般，和她心情是一样的。然后让她明白，如果单纯从物质这方面来说，妈妈确实不如他们妈妈做得好。

　　我问女儿："你觉得妈妈有哪些方面，做得比他的妈妈好呢？"

　　女儿想了想说："妈妈会天天给我做饭，总是陪着我。我的同学总是抱怨他妈妈从来不陪他。"

　　我在承认自己不足的同时，让女儿学会了辩证地看待事物，不要拿自己的缺点和别人的优点去比。她同学家再有钱，也是同学的爸爸妈妈留给他的。

　　我劝女儿说："妈妈虽然不富有，但是我们家的富有可以从你这一代开始。"

　　最后，女儿不再认为我是一个不好的妈妈了，她接受了自己，接受了我，接受了这个家庭，同时学会了换位思考。

03

　　当你通过一件小事，挖掘出孩子的情绪点时，可以通过处理这一个情绪点，达到多赢的效果。

为什么育儿强调陪伴？因为家长陪伴孩子的过程，就是发现孩子情绪的过程。孩子的情绪是转瞬即逝的，如果家长没有陪在孩子身边就无法发现，就不能时刻对孩子进行教育。

只有家长能控制情绪，孩子才能像家长一样。能控制情绪的人，才有可能掌控自己的人生。所以在教育孩子的过程中，我最想说，让你今天的行为变成孩子以后的习惯，你做得到吗？

如果能用系统化思维、长视思维、大爱思维去思考问题，你就会有耐心，允许孩子犯错误。

情绪是问题，也是关键。当我觉察到女儿有情绪时，内心是欢喜的，因为我知道，帮助女儿处理掉情绪，背后相应的问题也就解决了，她就又前进了一步。

特别鸣谢

本书在出版的过程中，得到诸多老师和朋友相助，在此我们表示衷心的感谢。

秋叶老师及其团队；

广东新励成教育科技股份有限公司总裁赵璧先生；

广东新励成教育科技股份科技有限公司副总裁、广州小狮子教育科技有限公司总经理、《影响力导师班》总教练赵永花女士；

DISC国际双证班社群联合创始人李海峰老师；

坚持星球创始人龙兄；

广东新励成教育科技股份有限公司教练张龙；

书式生活书店联合创始人赵冰老师；

知识型社群"一字群"创始人、汉字美学推广者、TED演讲者阿布老师；

《极速写作》作者剑飞老师；

著名手机摄影师、《拿起手机人人都是摄影师》的作者卷毛佟老师；

著名出版人李鲆老师；

万有文化的徐宏丽老师和璐璐编辑；

还有我们的家人。

张爱红　赵冬玫

2019年3月